うかるぞ宅建士入門講座

Kenビジネススクール受験アドバイザー **本橋敏明**〔著〕

プラチナ出版

はじめに

　皆さんこんにちは。本書をお手に取っていただきまして、誠にありがとうございます。**宅建専門予備校Kenビジネススクールの受験アドバイザー**、本橋敏明と申します。

　本書は、宅地建物取引士に合格するための、ノウハウを集約した参考書です。**宅建士の試験に合格するための学習方法**については、"これが正解で、他に方法はない"というものではありません。合格者の方の数だけ、さまざまな学習のコツ等があり、合格体験が毎年積み重ねられていくのです。**令和の時代を迎えまして、改正民法も施行されます。**新しい宅建士試験はどのような色付けがなされていくのでしょうか。

　本書では、私が通学講座・通信講座・教材製作の現場で体験させていただいて積み重ねてきた**学習のノウハウ・コツ**がいっぱい収録されております。その中で、科目ごとの学習法等、当たり前の内容ですができれば念を押しておきたいことを"オモテ技"（オモテ技）と称して記載しました、また、学習の本道・王道的な"オモテ技"のノウハウを支える手法について、**"ウラ技"**（ウラ技）という表記で記載しました。本書で言っております"ウラ技"とは、小手先の受験テクニック等ではありません。合格のための本道・王道の実践や、合格までの**「ヤル気」**を維持継続するための**さまざまなエッセンス**を表現して"ウラ技"と称しております。それは、**合格するための元気が出る技**です。

　本書を受験勉強の際のアドバイザーとして、ご活用していただければ幸いに存じます。

著者

目次

Chapter 1

宅建受験ガイダンス編
～宅建士試験って、こんなの！～

Chapter 2

宅建士試験　目指せ合格！（実践！合格術）

Section 1 ● 学習の前に

Chapter 3
主要3科目の誌上Lesson

Section 3 ● 法令上の制限

装丁・本文デザイン　　吉村朋子
イラスト　　　　　　　川田あきひこ
DTP　　　　　　　　　トゥエンティフォー

Chapter 1

宅建受験
ガイダンス編
～宅建士試験って、こんなの！～

資格のあらまし　宅建士試験とは

　宅建とは、何でしょうか。宅建取引士とは、どのような人のことをいうのでしょうか。まずは、ここから！

宅建士ってどんなことをする人？

　宅建とは、何でしょうか。宅建取引士とは、どのような人のことをいうのでしょうか。多くの方は、この"宅建"という言葉はご存知でしょう。資格の中でも、よく聞く資格名ということはできるでしょう。令和になったご時世、チョット昔のお話ですが……平成のはじめ、平成2年のいわゆるバブル期には、この資格に42万人もの受験申し込みがなされました。国家資格（準国家資格）の部類では、桁違いに受験者数の多い試験ということができますし、近年でも20万人程度の方たちが受験申込をしています。

　前述の、「不動産バブル期」に、どうしてそんなにたくさんの人が、宅建試験に出願をしたのでしょうか。宅建とは、宅地建物取引士（当時は、宅地建物取引主任者でした）資格を略して使用する際の言葉です。宅地建物取引士（略して宅建士）は、宅地建物取引の専門知識を持った資格者として、宅地建物取引業の取引の現場で活躍します。つまりは、不動産取引の際に必須の資格であるということ、くわしくは後述の「宅地建物取引業法」の項目で解説しますが、宅建士がいないと、業として宅地建物取引を行うことはできないのです。そのため、地価が右肩上がりに上昇し続けた"バブルの時代"においては、土地の取引にかかわることで一攫千金を目指した方も多かったのですね。

宅建士試験は宅地建物取引の専門家になるための試験！

　「行政書士」という資格をご存知ですか？　行政書士は、「他人の依頼を受けて官公署等に提出する許認可関係の申請書類等その他の書類を、報酬を得て作成すること」が主な業務の資格です。最近の行政書士試験

は、難しい傾向にありますが、かつては「法律入門系の資格」というようなことも言われていた資格で、人気の高い国家資格です。さてこの「行政書士」になるためには、実はいくつかの方法があるのです。①弁護士になる資格を有する②弁理士になる資格を有する③公認会計士になる資格を有する④税理士になる資格を有する⑤国または地方公共団体の公務員として行政事務を担当した期間および行政執行法人または特定地方独立行政法人の役員または職員として行政事務に相当する事務を担当した期間が通算して20年以上（学校教育法による高等学校を卒業した者その他の者にあっては17年以上）になる場合⑥行政書士試験に合格する、結構ありますね♪

　これが宅建士ではどうでしょうか。①宅建士試験に合格する。はい、これだけ！どんな条件、境遇の人でも、スタートは同じ、先ほどの話の続きですと、非常に公平だなぁ〜という気がしてきますね。また、宅建士になる方法がひとつだけだということであれば、あれこれ迷う必要もアリマセン！　ただただまっしぐらに、宅建士試験合格を目指してバク進すればよいだけなんです。逆にいいますと、試験に受かるしか、宅建士になるための道はないのですから、いったん資格を取得すれば、そのぶんその価値は非常に高いものがあります。

実践アドバイス
宅建士試験は公平な試験

宅建士試験は公平な試験・・・宅建士試験は、その受験資格については、特に制限はありません。年齢、経歴、国籍等を問わず、誰でも受験可能です。行政書士試験やマンション管理士試験等、国家資格の中にも同じような受験資格のものがありますが、その意味で、実に開かれた試験であるということがいえます。チャンスはみんなに公平に与えられているといってよいでしょう。

宅建試験は働きながらでも取得できる資格!

　「そんなに専門性の高いというか、狭き門なんじゃないの、宅建って……」と思って心配するには及びません。宅建士試験は、1年に1度の試験ですので、受験勉強のペースは、「1年間ないし6ヶ月」くらいの期間で組むのが通常パターンです。合格された方の受験勉強のトータル時

間をアンケート調査いたしましたところ、延べ350〜400時間学習した
というデータがありました。毎日2時間強くらい学習すると、半年ちょ
っと、かかりますね。何だか大変そう？！

　いえいえ、この学習時間は、延べ時間です。"机にかじりついて毎日
学習"ということばかりではなくて、電車に乗っている時間に問題を解
いたり、休み時間に基本テキストを読んだりと、「細切れ時間」をトータ
ルした学習時間です。「細切れ時間」ということなら、毎日少しずつ学習
していくことが可能になりますね。また、"試験勉強に集中するために
仕事を含めて一切ほかのことはやらない"といったような極端な学習ス
タイルをとる必要もありません。仕事をしながら、学生であれば学校の
勉強の合間に、「細切れ時間」を上手に使って受験準備をしていけば、十
分に合格が狙える試験なのです。

宅建士資格　一番とってほしいのはだ〜れ！

　宅建士資格、本当に必要としている人たちとは、誰でしょうか。それ
は他でもない、「宅地建物取引業（土地建物を売買したり、仲介したり、
賃貸の仲介をしたり等、いわゆる不動産屋さん）」の業務に従事する従
業員の方たちでしょう。

　不動産屋さんに勤務している場合は特に、忙しい仕事の合間に受験勉
強をしていくことになり、心が折れそうにもなりますが、宅建士試験に
合格さえすれば、即仕事でも役立たせることができるので、合格後のメ
リットは大きなものがありますし、そもそも業務の性質上、「一番合格
しなければいけない人が、一番合格に近い場所にいる」という見方・考
え方もできますね。この本に書いてあることを参考にしていただいて、
早め早めに合格していってください。宅建業の従業者の方は、"登録講習"
という講習をあらかじめ受けることで、宅建士試験の一定の科目から5
点分を免除され、通常では2時間で50問の問題を解くところで、1時間
50分の時間内に45問の問題を解けばよいという制度もあります。登録講
習がいわゆる"5点免除講習"とよばれる理由です。

　（登録講習については、後述の011ページも見てくださいね）

宅建士になるためのステップとは！

　さて、宅地建物取引業を営むためには、宅建業の免許を取得する必要がありますが、免許を取得するには、その事務所・事務所等といわれる場所に、一定数の宅建士を勤務させなければなりません。宅建士資格の価値が高いのには、そこに理由があります。

　この、宅建士資格を取得するには、宅地建物取引士資格試験を受験し、合格することがまずは必要です。

　宅建士として活躍するためには、宅地建物取引業法に定められたステップを踏む必要があります。

① 宅建士試験に合格する
② 合格した試験を行った都道府県知事の登録を受ける（登録に際しては、2年以上の実務経験が必要になります）
③ 宅建士証の交付を受ける

　上記①～③のステップをクリアして、晴れて宅建士の誕生！　となります。

　一番の難関は、①の「宅建士試験に合格する」ですが、過去の試験傾向を研究し、作成された基本テキストに沿って学習して、過去問題（過去の本試験において実際に出題された問題）を十分に研究すれば、合格が見えてきますよ♪

宅建士試験の出題範囲・形式や内容はどんななの？

試験の内容・出題範囲について知りましょう

　宅建士試験は、宅地建物取引業に関する実用的な知識を有し、その知識が、次の内容のおおむね全般に及んでいるかどうかを判定することに

基準を置くものとされています（全部で７分野）。

1	土地の形質、地積、地目及び種別並びに建物の形質、構造及び種類に関すること。
2	土地及び建物についての権利及び権利の変動に関する法令に関すること。
3	土地及び建物についての法令上の制限に関すること。
4	宅地及び建物についての税に関する法令に関すること。
5	宅地及び建物の需給に関する法令及び実務に関すること。
6	宅地及び建物の価格の評定に関すること。
7	宅地建物取引業法及び同法の関係法令に関すること。

※受験対策上、上記項目の1.4.5.6. をまとめて「その他の分野」と呼んでいます。

宅建士試験の形式、内容とは

　宅建士試験は、例年10月の第３日曜日に実施されます。試験時間は、２時間、４肢択一式50問のマークシート形式です。解答は、鉛筆またはシャープペンシル（ＨＢまたはＢ）で行い、消しゴムはプラスチック消しゴムを使用します。

　試験では、４肢択一式50問を２時間で解答いたします。１問につき、２分ちょっとの時間で解答していくことが必要です。過去問題を繰り返し解答し、解答時間を短縮することが必要な訳は、ここにあります。

　試験の科目中、50問中で実に８割の出題になる科目があります。これが「主要３分野」といわれるもので、以下のとおりです。

　①　権利関係法令　　　（出題数：14問）
　②　法令上の制限　　　（出題数：８問）
　③　宅地建物取引業法　（出題数：20問）

　一般的に、基本のテキストでは、上記の大事な３分野について、重要なポイントを中心に記載しています。重要なポイントとは、「過去問において、繰り返し出題されている事項」「法律の基本事項」というものです。試験の難問化が進んだとしましても、この２点を無視して学習をす

ることは、却って合格への回り道となってしまいます。

　「主要３分野」を制した上で、「その他の分野」といわれる科目（税法、土地建物の知識等）に進むルートが合格圏内への効率の良い進み方になります♪

宅建士試験の合格ラインは

　合格圏内は、何点でしょうか。2019年度（令和元年度）の試験では、50問中35問以上が合格基準（合格率は、17.0％）でした。年度によって差はありますが、50問中７割強の得点（35点〜37点）をクリアすることを目標にすると良いでしょう。

令和元年度の試験合格者の人数など

●合格者数は前年試験よりも増加

　令和元年度の宅建士試験の申込者数は276,019人、受験者数は220,797人（受験率は80.0％）でした。合格者数は37,481人で、平成30年度試験の合格者に比べて4,121人の増加となりました。合格率は17.0％、合格基準点は50問中35問以上（登録講習：いわゆる５点免除講習の修了者では45問中30問以上）でした。

　傾向として、宅建士受験の申込者数は増加し続けています。基本的に競争試験ですので、なるべく早めに資格をゲットしてしまいましょう！

　直近の５年間の合格点は、以下のとおりです。

年　　度	合格基準点
平成 27 年	31点
平成 28 年	35点
平成 29 年	35点
平成 30 年	37点
令和元年	35点

受験の申込み手続は

　受験申込書（試験案内）の配布は、例年７月初旬から行われ、受験申

込みの締切日まで配布されます。この配布は、（一財）不動産適正取引推進機構およびその協力機関、大型書店等で無料で行われます。

　受験申込みは、**郵送またはインターネットによる申込み**となります。申込みにつきましては、毎年5月ごろに公開される受験案内（都道府県別：ご住所地での受験となりますのでご注意ください）をご覧ください。

　受験票は、受験者各自に（一財）不動産適正取引推進機構から直接郵送されます（最初に試験会場確認の通知が来て、その後で、受験票が来ます）。送付時期は、9月下旬から10月にかけてです。この時期に受験票が到着しないときは、（一財）不動産適正取引推進機構又は協力機関に問いあわせてください。

（一財）不動産適正取引推進機構　試験部
　〒105-0001　東京都港区虎ノ門3-8-21（第33森ビル）
　℡　03-3435-8181
　ホームページ　http://www.retio.or.jp

　試験日は、毎年1回、10月の第3日曜日です。合格発表は、原則として12月の第1水曜日又は11月の最終水曜日です。合格者には、（一財）不動産適正取引推進機構から合格証書が郵送（簡易書留）されます。

学習スケジュールの目安ってどんなカナ？

学習スケジュールの目安は（まずは大まかにプランニング！）

学習開始〜9月	基本書によるインプット学習の進行に従って、過去問題集は補完的に利用します。受験講座に通学している場合は、基本講義をしっかりと聴いて、過去問題を参考に解いてみることによる重要項目の確認を行いましょう。
7・8月上旬〜10月上旬	演習問題と基本書で重要項目の確認、速読即解に慣れること！　通学している場合は、問題演習講座などを受講して実力を養成しましょう。

10月上旬〜試験まで	過去問題集の見直しと、択一式予想問題の復習で学習の仕上げを行いましょう。通学している場合は、直前ポイント講座や模擬試験などを積極的に受験して、誤ったところは必ず基本書でチェックしましょう。

宅建士試験　科目別の学習方法ってどんなの？

【宅地建物取引業法】（業法、同法施行令・施行規則、履行確保法）

　「宅建業法」では、宅建業者が受ける業務上の規制に注意してください。特に宅建業者が自ら売主となって、一般の顧客を相手に取引を行う場合の規制に気を付けましょう。重要事項説明、37条書面の交付義務についても、要注意です。

　宅建業法では、その施行規則や施行令を含めて全般的に出題がなされますので、1題も落とさないくらいの心構えで勉強をすることが大切です。まず、全体的に業法の組み立てを理解し、横断的な思考を持つことが必要となります。また、宅建業法の関連法令として「特定住宅瑕疵担保責任の履行の確保等に関する法律」が出題範囲になっています。

【権利関係】（民法、借地借家法、区分所有法、不動産登記法）

　「権利関係」では、基本となる民法を十分に学習します。その上で、関連する各特別法（借地借家法、区分所有法、不動産登記法）を、過去問題演習を通してマスターしていきましょう。民法は、総則、物権、債権、親族、相続に分けられますが、総則では、制限行為能力者、意思表示、代理、時効などが重要項目となります。

　物権では、所有権、抵当権の出題が多く、地上権、地役権や担保物権の特徴も押さえておく必要があります。債権は出題数も多く、債権総論では、債務不履行、連帯債務、保証が重要で、さらに債権譲渡、弁済、相殺なども注意するところです。債権各論では、契約成立、債務不履行、契約解除などの他に、各種の契約、特に売買と賃貸借契約は重要です。また、委任契約と請負契約、事務管理の項目にも注意しましょう。相続

については、相続人の範囲と相続分の知識が必須事項です。

　民法については、毎年、判例（最高裁判所の判断のこと）を問う問題が出ていて、令和元年度試験でも顕著でした。判例についても、有名なもの（基本テキストや、過去問題集に出てくる判例）については、注意が必要です。2020年からの試験では、改正民法についても要注意です。

　建物区分所有法（マンション法）では、区分所有、専有部分、共用部分の意味、共用部分の使用、持分処分、管理、変更の内容、敷地利用権や規約、管理組合法人、復旧、建て替え等の項目について、目を通しておきましょう。不動産登記法では、登記することの意義と効力、登記記録の仕組みと手続きについて、それらをきちんと押さえておくことが大切です。仮登記の知識も重要です。

【法令上の制限】（都市計画法、建築基準法、国土利用計画法、農地法、宅地造成等規制法、土地区画整理法、混合問題）

　「法令上の制限」では、都市計画区域内で適用となる制限（建築制限、開発許可制度等）をマスターしてください。建築基準法も関係してきます。正確に覚えれば、実は比較的得点しやすい分野ともいえます。

　都市計画法と建築基準法の2法で、8問中4問程度の出題がなされますので、この2法の理解は必須です。都市計画法では、都市計画の内容、決定手続、開発行為の規制、都市計画制限などが出題の中心です。建築基準法では、集団規定の用途制限、道路規制、建蔽率、容積率、高さ制限、防火・準防火地域、単体規定では、建築確認は頻出事項です。

　その他の法令では、国土利用計画法では「事後届出制度」、土地区画整理法では、「仮換地の指定、換地処分の効力」、農地法では「市街化区域内での届出制の特例」、宅地造成等規制法では「規制される宅地造成工事の規模」等が重要項目です。他の法律で、まとめて自然公園法や道路法、森林法が問われることもあります。こちらの出題は、区域内で規制される行為（土地の形質変更など）の許可権者を問う問題がほとんどです。

【その他の分野】（税法、鑑定評価、地価公示法、景表法、住宅金融支援機構法、統計、土地建物の知識）

　「その他の分野」では、過去問題においてよく出てくるポイントを中心に押さえておいてください。税法、鑑定にて難問もありますが、よく出る事項を押さえておくことで得点可能な場合があります。税法についてなど、印紙税、譲渡所得などで難問が出る事がありますが、よく出るポイントを覚えておくことにより、消去法により答えを導き出せることもあります。問題を通じて、ポイントを押さえておいてください。

　以上の点に留意して、がんばっていきましょう♪

登録講習は強いミカタ！

　登録講習とは、宅地建物取引業法第16条第3項に基づく講習であり、「宅地建物取引業に従事する者に対し、その業務の適正化および資質の向上を図るために必要な基礎的知識の習得を行うため行われるもの」です。

　何だか難しい言い方ですが、ようするに、登録講習を修了すると、宅建士試験の問題の一部（例年5問程度）が免除されます。つまり、最初から、5点分ゲットできちゃうのです！

【一部抜粋】宅地建物取引業法

（試験）

第16条　都道府県知事は、国土交通省令の定めるところにより、宅地建物取引士資格試験（以下「試験」という。）を行わなければならない。

2　試験は、宅地建物取引業に関して、必要な知識について行う。

3　第17条の3から第17条の5までの規定により国土交通大臣の登録を受けた者（以下「登録講習機関」という。）が国土交通省令で定めるところにより行う講習（以下「登録講習」という。）の課程を修了した者については、国土交通省令で定めるところにより、試験の一部を免除する。

宅建士試験科目別出題配分

科　　　　　　目	予想出題数
1. 権利および権利の変動に関する法令	14
2. 土地および建物の法令上の制限	8
3. 土地および建物に関する税金	2
4. 宅地建物取引業法および関係法令	20
5. 宅地および建物の鑑定評価、地価公示法	1
※6. 宅地建物の需給概要、実務と統計など	3
※7. 土地の形質および建物の構造等	2
合　　　　　　計	50

※登録講習修了者は、上記の科目のうち6.と7.が免除となります。

　宅建業に従事されている方であれば、絶〜対に登録講習を受講して、修了しておかれることを強く強くオススメいたします！　1〜2点差で合否が分かれる宅建士試験では、なんといっても5点のアドバンテージは強力です。

Chapter 2

宅建士試験
目指せ合格！
（実践！ 合格術）

（本章執筆協力：Ken ビジネススクール）

学習の前に

1 机に向かって勉強しちゃダメ！

　「机に向かって勉強しちゃダメ」とは、なんてことを言うの！　というお叱りの声が聞こえてきそうですが、この言葉の意味は、主に2つあります。

　1つは、机に向かって勉強をすることだけが、宅建士取得のための学習ではないということを、肝に銘じていただきたいのです。資格試験の学習をするうえで大切なのは、総トータルでの学習時間がどのくらい確保できるのかということになりますが、この宅建士の資格、主な受験者層は、不動産業、金融関係、建設関係のお仕事に従事されている方々で、実に50％以上の割合を占めております。つまりは、忙しい業務の中で、何とか日々の時間を文字どおり捻り出して、学習をされて試験に臨まれている方がほとんどであるということです。逆に言いますと、宅建士の試験は、通常会社等で働いている方が、その中で時間をやりくりして効率の良い学習をしていけば、十分に合格ができる、合格が可能である試験であるという、こういうことなのです。宅建士試験は、1年に1度の試験ですので、受験勉強のペースは、「1年間ないし6ヶ月」くらいの期間で組むのが通常パターンです。合格された方の受験勉強のトータル時間を調査したら、延べ350〜400時間学習したというお話がありました。この学習時間は、延べ時間です。机に向かって毎日学習ということばかりでなく、電車に乗っている時間に問題を解いたり、休み時間に基本テキストを読んだりと、「細切れ時間」をトータルした学習時間です。「細切れ時間」ということなら、毎日少しずつ学習していくことが可能になります。このことを称して、「机に向かって学習しちゃダメ」というコトバで表したということなのです。

もう1つの意味ですが、通学教室でも、席に座っているだけでは受からないということです。忙しい受験生の方が、授業に臨む前に予習をしておくということはなかなか難しいでしょう。しかし、復習は行なわなければなりません。講師の先生に、一度聞いた箇所であるのだから、難しい項目でも、断片的でも頭には入っているはずです。復習しませんと、その折角の知識の材料が、霧散してしまうでしょう。こうした復習の時間も、細切れのトータルの勉強時間に算入できますね。授業は受験学習のペースメーカーだと割り切って、復習の積み重ねに努めてください。そこで、「自分がわかっていない、理解していない部分はどこか」という点が判明すれば、同じコマの授業をもう1回受けてみよう、といった次の行動に移るべき判断ができます。また、「講師の先生に質問・確認したい箇所」のあぶり出しもできるはずです。そこまでできれば、通学講座に通うメリットを最大限に発揮できるはずです。

 「学校に通っているから大丈夫だ」と、安心するだけで終わってしまうこと。

2 学習方法はいろいろあります

宅建士試験に限らず、資格試験の学習法はいろいろとありますね。どの学習方法を採用するかは、人それぞれです。とはいっても、どういう基準でセレクトすればよいのか、特徴をあげながら、考えてみましょう！

通学講座
●メリット

- 設定されたカリキュラムに乗っかって行けば、勉強が進む
- 宅建士試験に関する最新の情報が手に入る
- 担当の講師やその専門校の受験テクニック・受験ノウハウを提供してもらえる
- 教室で講師に質問ができる

- 決まった曜日や時間で勉強ができるので、自分の学習のペースも作りやすい
- 同じ目標を持ったオトモダチや仲間が増える。ヤル気も倍増！

●デメリット

- 独学と比較して価格が高額になる
- 授業についていけなくなったり、忙しくて授業に出られなくなるなどで、通えなくなることがある
- 講師と相性が合わないと、ヤル気が出なくなる。近くに通える教室がないことも

通信講座

●メリット

- 設定されたカリキュラムに乗っかって行けば、勉強が進む
- 宅建士試験に関する最新の情報が手に入る
- 担当の講師やその専門校の受験テクニック・受験ノウハウを提供してもらえる
- 質問カードやメールなどで、質問することができる
- ＤＶＤやWebによる動画配信などで講義が提供されるので、自宅で繰り返して受講することができる。スマホやタブレットで視聴する講座も

●デメリット

- 独学と比較して価格が高額になる（通学講座と比べると、安価になっていることが多い）
- 教材をためてしまうと、途中でイヤになりやすくなる（スケジュール管理は、自身で行う必要がある）
- 通学講座のようにはダイレクトには質問はできない（質問したあと、回答が届くまでに時間を要する）

全くの独学

●メリット

- 安価で学習可能
- テキストや問題集などを、書店などで購入することですぐに学習が開始できる。いろいろなテキストを自分で比べながら選ぶことができる
- 自分で好きなように学習スケジュールを組むことができ、自分のペースで勉強できる

●デメリット

- 自分でスケジュール管理をするので、自分のやる気だけで学習を支えなければならないので、挫折しやすい
- 講師がいないので、疑問点は基本的に自分で解決しなければならない。学習ノウハウが身につきにくい
- 最新情報の収集の際に、後手に回ってしまう恐れがある

3　状況別のオススメ学習コース

　学習のスタイルに、「通学」「通信講座」「独学」ってあるよと言われても、実際ピンとこないな、と思われる方も多いのでは？　そんな学習相談をいただいた場合には、その方のご経験や職業、目的などをお伺いして、次のようなアドバイスをさせていただいています。

状況別のオススメ学習コースはこれ!

①不動産業（宅地建物取引業）従事者の方。宅建資格の必要性が十分高い

　通学校がオススメ。独学は薦めません。迷わず通学されたいくらいです。ＤＶＤやＷｅｂ・スマホを使った通信講座もよいですね。宅建協会・関連団体などが主催する通学講座も活用しましょう。宅建業法など、実務で親しみもあるから、科目ごとの横断的学習ができるのも強みでしょう。点数は35点前後で受かるのがスマート（効率よい学習ができたということですから！）。

実践アドバイス

効率の良い学習法で最短合格を目指して！

プレッシャーはあるとは思いますが、合格に一番近い位置にいるのだと考えてみましょう。合格後のメリットも計り知れないですよね。週一でもよいので、なるだけ通学講座に通いましょう。忙しい業務の中で、半年間ないし1年間の受験勉強を続けることは至難の業ですが、逆に言いますと、学習を継続できる環境を作ってしまえばよいわけで、通学講座が学習のペースメーカーになっていくことでしょう。学校に、大いに頼ってください。独学することは、かえって"遠回り"になりかねません。それと、登録講習（5点免除講習）は、必ず受講して修了しておいてください。宅建業の従事者の方だけの"強み"ですので、これを利用しない手はありません！

②法律学系の学習をしたことがある人

　学習法・基本知識と学習ノウハウがある程度備わっている方です。独学でも十分いけますが、模擬試験等は積極的に受けて力試しを十分行いましょう。問題演習も十分に行いましょう。宅建士試験の出題傾向やクセがつかめれば、しめたものです。

実践アドバイス

法律の土台は十分！　高得点を目指して！

法律系の学習の基本と学習法(ノウハウ)が身についているということですので、次のステップとしては、「宅建士試験の傾向を知る」「傾向に沿った問題を解答する力を身につける」ということになってきます。法律学習の方法がわかっているのですから、必ずしも通学しなくても、「過去問題の繰り返し演習」で、相当の効果が期待できます。得点力40点オーバーを目指して学習していきましょう♪

③時間がある一般の人。何か資格がほしい方

　本当に宅建をとるか。知的好奇心と受講料を秤にかけて、通学するか本で勉強するかよく考えましょう。本で様子を見ることはできますが、あきるのも早いかもなので、注意してください。"宅建士ってこんなことをする資格なのね、おもしろいナ"というように、勉強することが新鮮な刺激として捉えられれば合格は近いでしょう。

実践アドバイス

注意！ まずは決断！

通信講座などを利用することも一手です。講義教材（ＤＶＤやWebによる講義）を、学習の過程で飽きないようにうまく織り交ぜて使っていくことも有効でしょう。本だけで様子を見ることはできますが、そうした場合は「何も宅建にこだわらなくても……」という気持ちが出てきてしまう危険もありますので注意してください。点数は、どうせなら45点を目指していくくらいの気持ちで行くと、一発合格も可能でしょう。

④ 宅建受験学校・教室の活用法！

　通学生でも通っているだけじゃダメ。講義内容をマスターするコツは？それは"２回聞くと覚える、３回聞くと飽きる"ということなのです。宅建専門予備校での学習法は教習所と似ています。とにかく一通り、カリキュラムを消化しましょう！　追っかけのいるような人気講師の授業を追いかけるのも効果的です。看板講師の話はやっぱり面白いものです。大いに役立てましょう！

　とことん学校に頼っちゃいましょう！頼るべき部分は、学習進行上の**ペースメーカー**役であるところ。少なくとも、授業に出れば、合格に向けて後退はしていないゾ。予習はできなくても、必ず復習をしましょう。

　宅建士試験に１発合格したい!!　どうしたらいい??　これは、受験生の、みなさんに質問され続けています。私のような"宅建士試験アドバイザー"にとっては、永遠にとことん追究するテーマなのです。

　誤解を恐れずに言ってしまえば、「宅建の学校に通いましょう！」と言ってしまいます。別に私は、宅建学校の回し者ではありませんけど……。

　先の、タイプ別学習法にも出てきましたが、たとえばなかなか試験に合格できないという場合は、それは、効き目のある学習ノウハウを知らないというだけのことなのです。受験勉強が得意な方って、いらっしゃいますよね。あれの、資格試験版になってしまえばよいのです。

　合格のために必要な要素を並べてみると

- ノウハウ（学校任せ）
- 材料（学校任せ）
- 実践（学校とあなたの共同作業）
- 受験（あなた自身）

「じゃあその、*ノウハウ*を身につけるには、どうすればよいの？」ということになりますが、「宅建の学校、講習会に通うと、そのノウハウが身につきますよ」という意味です。もちろん、宅建の講習会などに通うのは、宅建士試験に合格するための、法律の知識や宅建士試験の出題傾向などを教わりにいくのですが、あわせて、「どのようなことをすれば、こういった資格試験に合格できるのかな？」という方法論（ノウハウ）までも、学べますよということなのです。

どういうこと？　それは、宅建士試験に合格できるためのノウハウが身について、知識が身について、メデタク試験に合格した方が、翌年、似たような資格に挑戦するという場合は、一からその資格学校に入って勉強をやり直さなくても、同じようにその資格向けのテキストを読んで、同じように過去問題を研究して、同じように準備が整えば、合格しやすいということなのです。たとえば、宅建に受かった方が、「賃貸不動産経営管理士」「管理業務主任者」などの、"宅建士試験の仲間のような資格"を受験しようと思ったときは、同じように身についたノウハウが活かせます、ということになってくるのです。

最初のお話に戻りますが、学生時代の経験や他の経験で、受験勉強ノウハウが身についている人は、自分で学習もイケイケですが、そうでもないかな〜とちょっぴり不安な場合は、学校に通うことをオススメします。そこには、受験ノウハウ＋材料がそろっているからなのです。

実践アドバイス

注意！ 受験仲間をつくろう！

教室では、積極的に仲間を作ってみましょう。同じ目標を持った方たちの集まりですので、勉強法その他、教室で情報交換をしてみてください。でも、試験当日は1人で出かけて、受験して、帰って来ることが、セオリーです。受験会場で、お知り合いに会うと、雰囲気が緩んでしまいがちです。良い意味で、適度な緊張感を保つことが、本試験突破のためのスパイスになりますよ。

5 登録講習のメリットとは!

　「登録講習」って、ぶっちゃけ時間とお金で５点を買うというイメージですけど、先に５点分ゲットできるのは大変有利!　宅建業の従業者の方の場合は、ぜひとも受講を。

　受験ガイダンスでも触れましたが、登録講習とは、いわゆる５点免除講習のことです。そもそもこの講習の目的は、宅建業の従業者の方の資質の向上にあるもので、登録を受けた実施機関がその講習会を通学スタイルまたは通信＋スクーリング併用スタイルで実施するものです。勉強して、スクーリングの最後に修了試験がありますが、キチンと講師の授業を聴いていれば、たいていクリアできるものです。

　受講申込時からスクーリング修了時まで従業者であること（有効な従業者証明書を保持していること）が、その受講資格となります。以前は、宅建取引業の会社の従業員になっても、登録講習の受講資格を得るまでには、一定の期間が必要でした（実務についた期間が２年間経っていないと、受けられませんでした）。でも、現在では、従業者証明書があればそのようなインターバルの期間は必要とされていませんので、宅建業に従事されている方であれば、ぜひ速攻で受講されてくださいね。

　このようにメリット大の登録講習ですが、デメリットもあります!　何のこと!?　っていうようになりますが、実は、不動産業界の方はお仕事が忙しいので、５点免除を受けてしまうと、"これで３年間は安心!"というような気持になって、ついつい油断してしまうことがあるのです（教室で、３年分使っちゃいました〜というお声を聴くのです……）。この点だけ、注意してください。

落とし穴 決して３年間の猶予ではないです!　油断にご用心

6 受験のための勉強は、いつ始めればいいの？

　思い立ったが吉日！　たとえ宅建士試験受験の決意がその年のギリギリのタイミングでも、受験手続に間に合うようであれば、ぜひ受験を。試験は1年に1回しかありません。1年1回のリスクをできれば軽減しましょう。本格的な問題演習の時期は、夏本番からとも言えるのです。大丈夫！

　宅建士試験は、1年に1回、10月に実施されます。それに先立ちまして、例年、5月にその年の試験の概要が公表され、7月には受験申込手続の受付が実施されます。

　初めて「宅建士資格に挑戦しよう」と思いつくのは、人それぞれです。きっかけとしては、「書店でテキストが売っているのを見て」とか、「テレビの資格関係のＣＭで見て」「友だちがいつの間にか持っていて自慢された……」など、いろいろなパターンがあるでしょう。従いまして、宅建士試験のことを知って、じゃあ受験してみようかナ〜と思い立ったのが8月の出来事であったらどうでしょうか。すでに、その年の受験申込期間は終了していますので、残念ですが次年度の宅建士試験を目標にすることとなるでしょう。ただし、この場合も、「十分に学習する時間はとれそうだぞ」とか、「だったら同じ不動産系の資格で、2時間で50問の出題で試験が行われる“管理業務主任者”“賃貸不動産経営管理士”を今年は目指してみようか」など、すぐに＋αの対策を練る必要があります。試験に合格するためには、いろいろな方法で”ヤル気“をうまく継続させる必要がありますし、またそれが上手に合格するためのコツともいえるものなのです。

　さて、前述の、宅建士試験受験の気持ちが、その年の受験申込に間に合う時期であったとしたら、それはもう前向きに「ラッキー」と捉えて、早速受験準備＋学習開始と、進んでいってください。何事も経験です。確かに学習時間は短いですが、合格する可能性は、それこそゼロではあ

りません。受験に関しての不安は、学習を続けることで払拭していくことしかできませんし、それが一番の処方せんといえるでしょう。1年間のうちで、宅建のテキストや問題集を見てはいけない時間は、試験当日の数時間（2時間＋α）だけです。あとは、ずーっと見ていたってよいのです、あとの時間は、納得がいくまで、テキストを見ましょう、問題を解きましょう、とにかく前へ進んでいきましょう♪

> **実践アドバイス**
> ## 思いたったら、どんどん前にススミましょう！
> 受験の願書（受験申込書の配布と受付は例年7月中）が間に合えば、ぜひ受験すべきです。とにかく合格に向けて前に進みましょう。不安は勉強を継続することで解消しましょう。

学習スケジュールを立てよう！　～ただし、ざっくりと～

　試験までどのくらい時間があり、何を勉強しなければいけないかがわからないと、ペース配分もできず、ゴールにたどりつくこともできません。

空欄を埋めてみましょう。

試験まで？　宅建士試験は10月　　　日（日）　　例年10月第3日曜

今日から、

あと　　　カ月？　あと　　　週間？　あと　　　日？

宅建士試験の勉強に使える時間は？

　　　時間/週（平日　　　時間、休日　　　時間）

学習計画を立てるときのポイント

① 時間を多く見積らないこと。

　予備の時間を取って、予定が遅れても取り戻せるようにしましょう。たとえば1週間単位で学習リストを作っておき、あまり勉強できない日があっても、他の日に振り替えられるようにする、など。

②　細かい計画を立てすぎないこと。

　ギチギチの計画をたてると後から調整しにくく、遅れたことでイヤな気分になります。また、計画を立てることで満足してしまったり、飽きてしまったりします。ざっくりとした計画を立てて、柔軟に見直すようにしましょう。

　スケジュールを立てるときは、基本テキストの目次を参考にしましょう。目次に書かれている項目が、そのまま勉強する項目数です。

　目次＝勉強すること

　基本テキストと過去問題集で、参照ページが掲載されてリンクしている書籍がほとんどです。基本テキストの構成が目次でわかっていると、過去問題集の進め方もわかってきます。

　また、基本テキストと過去問題集は、1通りで終えるのではなく2〜3巡できるように予定しておきましょう。1回読んで（もしくは解いて）すべてを理解できる、なんていうことはあり得ません。忘れたり間違えたりしたことを繰り返し覚え直していくのが、試験勉強の基本です。

平均的な勉強のタイムスケジュール

ガンバッテ！

（入門書・マンガ等）　　1週間

目的：概略を知る

↓

基本テキスト　　　流し読み　2週間

目的：基礎知識を知る

↓　　　　　　　テキストと過去問を併用　2か月

過去問題集

目的：知識の定着を図る。問題を解くこと、出題形式に慣れる

↓

予想問題集　　1か月

目的：応用知識を得る

↓

模擬試験・苦手科目の克服　1か月
目的：試験に慣れる。知識の穴を埋める

7 私は何点を目指せばよいのかナ？

何点を目指せばよいのかナ？　状況別得点目標を立てましょう

　宅建業の業界にお勤めの方で、主に会社のバックアップが得られない場合は、細切れ時間を利用した学習で、コツコツと合格を目指していかれることが多いでしょう。そのような方は、宅建士試験の合格基準であります「35〜37点」のラインを手堅く目指していくことになります。時間に制約があるのですから、効率のよい学習法は、満点を取ることではないのです。究極を言えば、その年の合格ラインが35点だったら、35〜36点で合格した方が、結果的に一番効率よく学習をした方、ということになりますね。実務にはもう就いているのですし、宅建士試験に合格したという相乗効果で業務的にもますます高みを目指すことができるようになるでしょう。「宅建士資格が必要だけれど忙しいから、さっさと合格したい」というパターンですね。時間やその他に余裕があれば、8割の得点力を目指したいところですが、余裕はない、武器は業界にいるから宅建に出てくる用語等に聞き覚えがあったり（特に宅建業法など）、苦手意識がない、ということですね。具体的な方法については、これはもう率直に、社内で宅建士資格を持っている方に教えてもらうことです。どんなテキストを使ったら、わかりやすかったですとか、どんどん質問攻めにしてしまってもよいでしょう。口コミで評価の高いテキストなどの情報を聞き出したりして、大いに先輩に頼ってみてください♪

　宅建業の業界にお勤めの方で、会社のバックアップが得られたりして、社内で研修があったり通学校に通うことができるという方の場合は、学

習環境はよいですが、やはり忙しいことには変わりがありません。授業を受けている最中でも、お客様や会社から、連絡が入ることもあります。そのため授業の途中で帰らざるを得ない場合も生じます。そこで、やはり、目標とするのは「35〜37点」のラインを目指して、講師の説明で本当に重要な箇所だけ教えてもらって、後は過去問題を自主的に繰り返してこなしましょう。知っている講師が語っていたことがありますが、教室で授業をした生徒さんで、本当にエライノハ、合格基準点で合格する生徒さんですよ、と言っていたのを思い出します。本当に、効果的に学習ができたということですから。そのためには、時間の許す限り、授業に出て、必ず講師に質問する習慣をつける、ということになりますでしょうか。忙しい中がんばって眠い目をこすりながら通うのですから、手ぶらで帰らないでください！とお伝えしたいのです。

実践アドバイス

注意！状況別の目標点！

■不動産業にお勤めの方……35点前後を目指して、その年の合格基準点＋1〜2点で受かるとカッコイイ！
■法律学系の学習をしたことがある人……40点オーバー。ノウハウ生かして、効率よく、最小の努力で突破するのがオシャレ♪
■時間が取れる一般の方……宅建にハマっちゃっていただいて、45点を目指して欲しいです。十分狙っていけますよ(ちなみに私は、ここのタイプでした)

⑧「落ちグセ」「凡ミス」撃退法

　宅建業界（宅建講座の専門学校）の講師の間で、「あの生徒さんは"落ちグセ"がついちゃったかな……」などという話が出る場合があります。これは決して悪い意味ではなく、模擬試験などで十分に実力があるとわかっているのに、本試験で緊張してしまったり、うっかりミスをしてしまったりで、残念ながら合格できなかったというような意味合いなのです。資格試験で、メンタル面が合否に影響を与えるということで、スポ

ーツにも似ている気がいたします。

　本番で、ミスしてしまったので、「また今年もダメかも……」と思って
しまって、何回も不合格になってしまう、「今年は受験ヤメとこう」とい
うことにまでなりかねません。

　大前提として、試験場に行って試験を受けなければ、合格はありえま
せんので、むしろ開き直って、受験に望んでいただきたいとオモイマス。
緊張するかしないかのタイプの区別として、下記をご覧ください。

---

① 十分に学習をつんできて、自信もあるので緊張しない

② 十分に学習をつんできて、模擬試験でも良い点が取れた。それ
　　だけに、合格できなかったらどうしようかと思って緊張する

③ 十分に学習してきてはいない。今年は試験場の雰囲気に慣れよ
　　うという気持ちもあって会場に来たので緊張しない

④ 十分に学習してきてはいない。今年は試験場の雰囲気に慣れよ
　　うという気持ちもあって会場に来たのだが、人がいっぱいいた
　　ので緊張する

⑤ そもそも緊張しない性格です、という方（本番にとても強いタ
　　イプの方！結構毎年教室にいらっしゃるのです）

　さて、自分はどうでしょうか。①になれたらいいのですが、大部分の
受験生で合格者になられた方は、②のような感じだったのではないでし
ょうか。だとしたら、それでいいのです。緊張していただいていいので
す。十分に勉強してきた自負もあるから緊張するのですから、自信をも
って、試験に臨んでください。

　①〜⑤のタイプ別の処方せんは、以下のとおりです。

①大丈夫です。機械的に問題を処理して、合格してしまいましょう。

②模擬試験で点が取れているのに緊張しすぎて眠れない、確かにプレッ
　シャーはありますね。ですが、緊張しすぎて良いことは何もありませ
　ん。実力を開放するには、開き直ることしかありません。眠れなかっ
　た……どうしよう……と思ってしまいがちですが、「１日ぐらい寝な

くたって大丈夫！」と思い込むようにしましょう。試験が終われば、きっと寝れますし、試験でしくじったりしたら、かえって眠れない日が続いてしまいますよ。

③あわよくば合格に近づいちゃいましょう。この本を早めにお読みいただいていれば、試験のための効率の良い学習法も学べますから、ここに当てはまる方は少ないかもしれないですね。

④たくさんの人が来ているけれど……隣の人ができる人でもできない人でも、自分の実力には変わりはありません。自分の実力・やってきた勉強を開放する場ですから、イベントにでも参加する感覚で試験に臨んでみてください。「いい点とって、今晩はひと足先に乾杯しちゃおう」とか、少々図々しいことを考えちゃったほうが、きっとよい結果が出ます。

⑤このタイプの方は、実力以上の力を発揮して合格することも多いのです。ですが、だからといってそもそも学習準備が足りなければ本末転倒ですよ。実力も身に付けて、①のタイプになれるようにがんばりましょう。

この項目を読んで、自分は"落ちグセ"がついたのではないかと心配になった方。私は、「マンション管理士」試験で、ただ１つマークシートのマークを最後に塗りなおして、１点足りなくて不合格になった経験があります。そのため、試験会場でどのような気持ちで受験生の方が試験に臨まれているか、細かくわかるつもりです。なかなかできないですよ、１点差で不合格になる気持ちを味わうということは。翌年は、塗り直さないこと！　と唱えながら、受験しましたが、これは宅建士試験の関係のお仕事をさせていただくうえで、とても貴重な体験だったと考えていますし、皆様にも参考にしていただけるお話かもしれないです。

実践アドバイス
とある有名な講師のアドバイス……

あくまで、ご参考例として……「そんなに緊張するのだったら、当日出かける前に、一杯ひっかけて行けば、緊張しないよぉ～」と、ある著名な先生が、言っていました。あくまで、ご参考例ですよ！

凡ミス撃退法

　良く理解しているつもりだし、実際に理解できているのに犯してしまうミス・・・凡ミスのダメージは、後々まで尾を引きますよ。凡ミスの起こりやすいシチュエーションとしては、下記のようなものがあります。

- 問題文をよく読まずに思い込んでしまう……過去問題で十分に演習してきた人でも陥りやすいミスです。問題文の前文の途中まで読んで、「ああ、そういうこと！」と思ってしまって、問題の各肢に当たってしまうこととかです。たとえば宅建業法の問題で、8種制限（後述します）の出題の前文で、「～なお宅建業者の取引の相手方も宅建業者であるものとする。」なんてさりげなく書いてあったら、そこを見落とすと大変なことになってしまいますね。また、平成30年度の問題41の選択肢3「宅建業の定義」の問題でも、コソっと隠すかのように「～貸主を代理して行う賃貸借契約の締結～（免許のいらない業務の中に、免許のいる業務を隠していました！）」などと書いてあったりしましたが、あわてて**見落とすと結論が変わってしまう仕掛け**も、宅建士試験の問題では多いのです。

- 最初に書いた答えを書き直して1点ロスする……後述しますが、一度書いた答えは、よほどの理由と自信のない限り、書き直さないほうがよいのです。考えすぎて、裏読みしすぎて、第一印象の解答を書き直したくなることがよくあります。書き直すと、不思議なくらい（？）間違える……ただし、これは1年に一発大勝負の宅建士試験です。自信と理由があれば、書き直したほうがよい場合だって多々あります。ですが、今までいろいろな試験を受けてきた（学生時代の経験も含めて）なかで、自分自身は書き直して得したことと損したことがどっちが多いタイプだったかは把握されておいたほうがよいでしょう！　　あとは自己責任になります♪　ちなみに私は、圧倒的に「書き直して損したことが多いタイプ」です。

- 1問に時間をかけすぎて残り時間で焦ってしまい、ミスを誘発……これも、誰もが陥りやすいミスの原因です。報酬計算問題や、個数問題のように"消去法"が使えない形式の問題、長文の問題など、

時間を書ければできる問題も多いですが、時と場合によっては、そのような問題を後回しにする工夫も大事です。本試験で、緊張しながらイキナリこの後回しの区別をするのはリスキーですから、模擬試験など受けるときも、このように問題処理ができるように練習をしておくようにしましょう。

- 裏読みしすぎる……これは、学習を十分に積んだ方が陥りやすい状態です。基本事項を問う問題なのに、「これはこういう場合もあるのではナイカ？」など、考えすぎてしまって答えが出せなくなる、あるいは書き直してしまうというような状態です。平成30年度や令和元年度の試験のように、基本的な問題が結構多いような傾向の年度もあります。ときには考えすぎずに、サクサク問題を解いていくようにしたほうがよいこともあるのです。このことも、頭の片隅に入れておいてくださいね。

⑨ 資格はたくさん取ったほうがよいの？

資格を並べ立てることに意味はあるのでしょうか。互いに相乗効果のある資格であれば、複数取得を目指しましょう。学習上密接な関係があれば、なおオススメです。宅建業で、宅建士の資格以外に必要なのは、普通自動車免許かも（お客さんを物件までご案内しますからね！）。

人にもよりますが、今現在不動産業界で働いていて、宅建士の資格を取ることで、会社内でさらに宅建士の独占業務（重要事項の説明、重要事項説明書への記名押印、37条書面への記名押印）を通じてお仕事を行っていくという方であれば、宅建士試験に合格した後で、スグに大活躍ができますので、宅建士の後で他の資格の学習を継続する必要性は少ないでしょう。しかし、業務上の必要度と、知的好奇心は、また別次元の話です。宅建士の試験勉強をしますと、主に、法律系の資格の学習を進めるためのノウハウや基本的スキルが身につくといえます。宅建士試験

に合格した方であれば、「過去問題の演習からその資格試験に特有の傾向を読み取ることができる」「よってその試験対策を有効に組み立てることができる」「宅建士試験の科目で、重複する科目が出題される法律系の試験を選択することができる」といった能力が身についているということなのです。

　たとえば、宅建士の次に挑戦してみたい資格試験として**おススメなもの**は、以下のようなものがあげられるでしょう。

- **行政書士試験**〜試験の難易度は昔よりも上がっている傾向にありますが、「民法」の科目が重複します。また、「行政法」の科目がありますが、行政法の具体例として、宅建士試験科目の中での「都市計画法」「建築基準法」等が該当します。
- **マンション管理士試験・管理業務主任者**〜建物区分所有法や民法その他の法律に関して、かなりの部分で重複します。建物区分所有法の内容は、これらの試験の方がより深く学習することになりますよ。
- **賃貸不動産経営管理士**〜主に賃貸用住宅についての、管理業に関しての資格ですが、その登録要件に関して、宅建士であることも、その要件のうちのひとつになっています。

　宅建士の資格試験に合格したという実績、勢いで、関連資格をゲットしていくことはオススメです。知識そのものが活かせるということもありますが、身についた「**学習する習慣**」が抜けないよう、他資格取得に向けて打って出ることも必要でしょう。とは言いましても、ただ資格を並べることに、意味はありません。資格は使ってこそ意味のあるものだからです。たとえば、行政書士の資格は、許認可関係の資格者ですが、宅建業の免許申請手続という分野も、業務のひとつです。宅建士の資格者であれば、宅地建物取引業法をマスターしていますから、開業までの流れからコンサルを加えることは、研究しだいで可能ですので、相性の良い資格の組合せといえます。資格はあり過ぎても必ずしもプラスなこ

とばかりではありませんが、2つ〜3つくらいのゲットした資格同士を関連付けて、有効利用に努めてくださいね♪

⑩ 合格するためのメンタル術は?

ヤル気を持続させるメンタル術、「私は合格に向かっている」という、心のコンパスをいつも思い浮かべてみて。

宅建試験の学習時間は、1年に1度の試験であることもあり、だいたいの方が6ヶ月ないし最長1年間の期間で学習スケジュールを立てて、細切れ時間の学習を含めまして合格のために350時間から400時間程度の学習時間をとられることが必要になってくるでしょう。当然、社会人であれば会社の仕事、主婦の方であれば子育てや家事、学生の方であれば学校の勉強等、その合間合間に宅建学習のための時間を割いて、勉強していくことになりますし、実際にそのように日々の生活と並行立てて十分に合格ラインに達することのできる試験内容であります。

とはいっても、6ヶ月ないし1年間の期間中、常に宅建士試験のことを考えて緊張し続けるということはつらいですし、本業が忙しくなることもあります。学習が予定どおりに進まなくなることもあるでしょう。「今年は受験しなくてもいいか。」と思ってしまうかもしれません。そんなときは、心の中で、「合格を目指すコンパス」をイメージしてください。コンパスとは、方位磁針ですが、皆様ご存知のように、その針は絶えず揺れています。しかし、最終的には、北の方角を指し示すわけです。前述のように、宅建士試験合格を志しても、いろいろな条件の中で、気持ちは絶えず揺れ動きますが、資格試験合格のための指針となる心の中のコンパスは、もともと揺れ動くものなんだと考えてください。その方が当たり前ですし、試験勉強にリラックスして気楽に臨めます。今日は勉強したくないなとか、忙しくて今年はどうも、等、心の中のコンパスは揺れますが、コンパスの針を意識して「合格への方角」に向けなおす様

をイメージしてみてください。イメージを描くことで、実際に、「よし、少しでも合格に近づくために今日も過去問を解くぞ」といった方向に、モチベーションを方向転換できるはずです。筆者も受験時代には、何度もこの「合格を目指すコンパス」のイメージに助けられました。ぜひ、このイメージトレーニングを実行してみてください。

実践アドバイス
合格するためにはゴールを指し示すこと！

「コンパス」って何だかわかりにくいナ、という場合は、「合格を目指すカーナビ」でも結構です。回り道はするけれど、合格というゴールはひとつ！　とイメージしてみてください。私は、ドライブでも、ナビがないとどこにも行けません……。

11　去年の試験を受けたけど、難しかったんですけど

　難しかった年の翌年はねらい目かもです！　～受験生をふるいにかけたい年か、そうでない年か、見極めてみましょう。

ビビらず!?　受けよう!!

　難しい出題だった時って、凹みますよね。

　例をあげますと、平成25年度および26年度、27年度の試験では、前年・前々年と比較して、少々難度の高い出題がなされたようで、通学校の教室で十分に過去問題の演習を行って試験に臨んだ生徒さんも、合格した方に別々にアンケートをとっても、口をそろえて「過去問で見た内容では分からない問題があった印象を持ちました。」との回答が多くありました。残念ながら不合格となった生徒さんにも尋ねられたのですが、「来年受験するにしても、どのような準備をしておいたらよいのでしょうか。」という疑問を持たれたようでした。

　結論から申しますと、過去問題の演習をベースに対策を組み立てていくという方針には変わりはないと考えられます。実は、以前にも、同じ

ような事例があったのです。平成２年度の試験では、平成元年に引き続いて受験申込者の大幅な増加が見込まれたため、試験の傾向および難度を従来から変更して実施され、結果として合格基準点が26点（アンケート等に基づく推定：国土利用計画法が２問出題されましたが、うち１問が没問扱いとなったので、実質ラインは25点と思われる）というまれに見る異常事態となったのです。このときの話は、長年受験指導に携わっているベテランさんの講師の間で、いまだに語り草になっています（また聞きですいません！）。

　このときも、「次年度以降、どういう勉強をしていったらよいのか分からなくなった」という声が受験生の間から出ましたが、実際のところ学習方法に変わりはなかったのです（権利関係の科目で、「根抵当権」の出題対策を受験予備校で行う等、レベルの差は出てきましたが）。考えてみれば、宅建士試験は、宅建士になるための試験です。過去問題を蔑ろにして作問することは、出題者サイドにしてみたらできない相談です。また、必要とされるだけの人数の宅建士を試験によって毎年輩出できなければ、困るのは試験実施側なのです。よって、難度の高い試験の翌年は、ある意味狙い目であるともいえるのです。実際に、平成３年度試験の会場では、試験が終了した後で、「去年の試験よりも簡単だったね」といった声が聴こえてきたとのことですよ。

12 合格への王道はありますか？

　"合格への王道"、これは、ハッキリといいまして、**通学講座に通う**ということになるでしょう。もちろん、その方個人の好みもありますし、仕事や生活上の理由で、まとまった時間通学校に通うことができないという方もたくさんいらっしゃるかと思います。また、通学しなくても、通信講座もありますし、Webを活用した講義動画の配信を必要な時間、場所を選ばずに視聴することもできるでしょう。

　ですが、強いて"合格への王道"を語るとすれば、毎週決まった時間

に通学するという、昔ながらの学習法をご紹介させていただくことになるかと思うのです。

　通学講座のカリキュラムは、基本の構成としまして、「**基本講義**」「**分野別・単元別答案練習**」「**応用・まとめ講義**」「**模擬試験**」というような組合せで成り立っています。知識のインプットが基本の授業を受ける「基本講義」のパートになりますし、アウトプットは問題演習を行なう「単元別答案練習」のパートになります。難化する出題傾向に充分に対応していくためには、「応用・まとめ講義」で知識の仕上げを行うことも必要ですし、２時間で50問を解答するシミュレーションを行うためには「模擬試験」を受験する必要があるということですね。この４つのカリキュラムを潜り抜けることで、上記の効果を期待できますが、重要なのは、試験に合格するためには何が必要なのかということを、体得するにはこの方法がよいということなのです。

　学習のクセが身についている方、試験勉強になれているという方に共通しているのは、「どうすればそのジャンルの試験に合格できるか」ということが自分なりに分析ができているということです。この試験勉強に慣れているということが、学生時代から身についている人もいますね。しかし逆に、学生時代自分は勉強に慣れていなかった、効率のよい勉強方法がいつも分からなかった、という方もいらっしゃるでしょう。そういう方は、やはりこの"宅建士試験"に挑戦する際も、苦戦する確率が高いでしょう。そういう場合は、通学校に通うことで、準備された「効率のよいカリキュラム」のレールの上を、「プロの宅建講師」に導かれながら、踏破してしまってください。宅建士試験に合格されました暁には、次に他の資格を取りたくなったときに、学習のクセとノウハウが身についていますから、独学でも資格によっては合格することができるようになっているはずです。

　また、通学校のシステムに学ぶことで、どうしてこの科目のこういう講座が設定されているのか、という点まで見極めることができるようになれば、学習効果も高まって、得点的に余裕を持って合格できる範疇に到達できるはずです。通学校のシステムが理解できれば、合格後、受験

指導業界への道に進める可能性も出てきます♪。

⑬ 合格体験記は参考程度に!

　合格体験記はあまり気にしてプレッシャーにしないで。100人いれば合格のための学習体験は100とおりあります。あなたが合格すれば、万事よいのです。

　宅建士の試験に限らず、各種の資格試験や入学試験など、いわゆる合格体験記をいろいろなところで目にする機会が多いと思います。受験校であれば、その受験校の特色やカリキュラム内容を知ることもできますので、有益な情報といえるでしょう。その受験校等の口コミ情報ともいえますが、ネガティブな意見は入り込みにくいはずですので、その点は差し引きして考えるべきでしょう。

　さて、合格体験記は、役に立つものとは書きましたが、重要なことは、合格者にはそれぞれ学習のスタイルがあったということです。どの合格体験記も、自分自身の学習環境に当てはまるわけではありませんし、必ずそうしなければ合格しないというわけでもありません。あくまでも、参考程度に見ておくものです。理想的な学習内容が書かれている合格体験記を目の当たりにすると、却ってあせってしまうということもあるでしょう。そのような状態になるのであれば、むしろ逆効果ともなるでしょう。

　自分自身が合格しなければ、意味は無いのです。合格体験記を読んで、参考になればしめたものですし、興味が無ければ、スルーした方がよいでしょう。そのような場合は、"自分が合格したら、どんな合格体験記を書けるだろうか"と考えて、プラスのイメージ作りに努めるようにしてください。

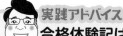

実践アドバイス

合格体験記はつまみ食い程度に！

目標！　自分が合格体験記を書きましょう！

⑭ 宅建士資格はお買い得ですよ！

　宅建士資格は、資格取得の難易度と比較したときの有効度、つまりは
コストパフォーマンスが高いといえます！

　宅建士資格のバリューは高いのでしょうか。宅建士試験は、１回合格
すれば、その効果は**一生もの**です。たった１回合格すれば、一生ご利益
がついて回ると考えてよいでしょう。

　もちろん、なかには毎年のように受験・合格されるという方もいらっ
しゃいますが、それは、宅建の講師など特別な仕事をされている方が、
本試験問題の調査分析のために受験しているような場合がほとんどでしょ
う。年配の方で脳トレのために毎年受験・合格されるということであ
れば、将来は最年長合格者の記録を毎年更新できるかもしれません。

　冗談はさておきまして、本書の冒頭でもご紹介しましたように、宅建
士の試験の合格という実績は、その方が亡くなるまで、有効です。宅建
士証の有効期限は５年間ですが、宅建士の登録までを済ませておけば、
登録も、欠格事由に該当しない限り、生涯有効です。宅建士の資格は、
資格の中でも**コストパフォーマンスの高い資格**であるといってよいでしょ
う。

- 仕事を辞めてまで、その試験の受験勉強に没頭しなくても、仕事
  の空き時間を上手に活用することで、合格することができる
- その割に、独占業務の意義が高いので、資格が強力である。資格
  者にしかできない業務があるのは強い意味を持つ

- 世間への知名度（ネームバリュー）が高い。資格の中の代表的な位置にある（その割に、"宅検"と書くのかと間違えていた企業様が昔の雑誌広告であったのでびっくりしましたケド！）

　特に、"○○士の資格が欲しい!!"といった明確な目標はないけれど、「何か資格の勉強をしてみようと思っているんですよ。」という方が身近にいらっしゃいましたら、宅建士の資格の勉強をしてみたら、と勧めることは、間違っていないでしょう。合格したときの価値は高いですし、使い道も多岐にわたります。主任者から宅建士に変更されたことで、ステイタス的な要素もさらに高められていくはずです。そんなときに、「自分も宅建持ってるから、何でも聞いてください」と言えるとよいとは思いませんか。宅建士試験に合格することで、資格学習のノウハウが身につきますので、他者に対する"資格アドバイザー"的なことも可能になります。特に宅建士資格が必要な業種の会社に勤務している方の場合は、そのような分野でも、引く手あまたになることでしょう。

⑮ 宅建受験上のリスク対策はありますか？

**　宅建士試験のリスクって何かな？　それは、試験が１年に１度しかないことです。そうでなければ、受験のプレッシャーからはかなり解放されるはず？！**

　宅建士試験に限らず、各種の試験には、それぞれ特徴やその傾向といったものがあります。受験に臨むにあたって、その試験の内容そのものに対して出題の元となる法律や過去問の演習を行って対策を立てていくことは当然ですが、それ以外の「宅建士試験というもの、そのものに潜むリスク」を認識し、対応していくことも、大切なことであるといえるのです。

宅建士試験の受験に際して考えられるリスクとしては、下記のようなものがあげられるでしょう。

① 試験傾向が豊富な過去問題量をベースにハッキリと打ち出されているため、いわゆる"基本問題"を落とすというリスク→難問は、落としてもよい。誰でも解けるであろう定番問題・基本問題で点を落とすことこそ致命的なのです
② 中だるみ……
③ 勉強そのものに飽きてしまうこと。勉強をやめてしまうリスク
④ 学習効果のピークをどこにもっていくか。8月にもってきてしまうと（8月に頭が仕上がってしまうと）、ウラを読みすぎるようになります。しかし、ここを超えると強くなるんです
⑤ 試験が1年に1度しかないこと

「何だ、そんなことなのー」と思わないでください。この中で、自分ではどうしようもないことってありますね。そうです、⑤のリスクです。宅建士試験が、もしも年に2回以上あると思ったら、かなり受験のプレッシャーが減るとは思いませんか。じつはあるんです、効き目のある方法が。皆さんは、「（マンション）**管理業務主任者**」という資格をご存知でしょうか。こちらは、宅建士試験と同じく国土交通省の管轄の国家試験で、マンション管理業界版の宅建士試験ともいえる立ち位置の資格です。この試験は、宅建で勉強する民法や宅建業法、区分所有法や不動産登記法等の項目が試験に含まれており、学習上、かなりの部分で重複する試験であり、宅建士資格と同時期に狙える資格といえます。試験自体も、毎年12月に実施されますので、興味をもたれた方は同時に射程内に入れてみてください。通学校によっては、10月の宅建士試験と連続して受験するための講座カリキュラムを設定している学校もあったくらいです。スムーズに行けば、宅建に合格した後に次に狙える資格としてオススメの資格なのですが、同時期に狙うことができれば、「今年の合格の

チャンスは2回ある」というリラックスした考え方で試験に臨むこともできるでしょう。

　以前に、うっかり宅建士試験受験申請を忘れてしまった、どうしようか、という問い合わせを受けたことがあります。その際に、今から方向を転換して、今年は管理業務主任者試験を受けましょう、学習してきた内容を活かして宅建は来年必ず受験しましょうと、オススメしたこともあります。

　また、比較的新しい資格で、「賃貸不動産経営管理士」というものがあります。こちらは、賃貸物件の管理業務に関わる資格で、(公益財団法人)日本賃貸住宅管理協会（日管協）という団体傘下の (一般社団法人) 賃貸不動産経営管理士協議会が行う試験です。同時期の受験なら、こちらの資格もオススメと考えます。

⑯ 願書（受験申込書）は必ず出しましょう！

　願書は必ず出しましょう。受験申請書が都道府県別であることに注意してください。もしも忘れたら、その年は"管理業務主任者"試験受験などに方向転換してみましょう。合格すれば、次年度の宅建士試験受験に向けての大きな自信になりますよ。

　"願書は必ず出しましょう。"これまた、アタリマエのことで、何を言っているの！　というようなお話なのですが、聴いてください。宅建士通学講座を開講しますと、開講のタイミングで、必ず学習上のガイダンス等を行うようにしているのですが、その中で、受験申請書（いわゆる受験願書のコト）を出す時期に関しては、口のすっぱくなるほど（？）お伝えをしているのですが、それでも、5年間に1人くらいは、「受験申込を忘れました」という生徒様も出てくるということなので、採り上げました。

　受験申請を忘れた方に、決まって言われますのが、「何とかなりませ

んか？」という言葉です。本当にどうしようもないんです。宅建士試験は、その受験申請書が、都道府県別になっていますので、「自分はもう願書を持っているから大丈夫だ」と思っていても、どこかで間違えてもらってきてしまって、慌ててしまうということもあったのです。宅建士試験は、その**住所地で受験する**ことになっていますが、うっかり他の都道府県の願書だったりしますと、申込に不備が出てしまうというわけなのです。

　もしも不幸にして、宅建士の受験申請を忘れてしまったという場合は、その年の宅建士試験の後に実施される、「（マンション）管理業務主任者」や「賃貸不動産経営管理士」の受験をすることを目標に変更して、学習は継続していただきたいと考えます。実際に、受験申請をワスレテシマッタ生徒様に管理業務主任者受験をご案内したこともありました。それぞれ1年に1回の試験ですので、漫然と次年度を待つといった方法は、採るべきではありません。せっかく学習した法律知識を役立てる方向で気持ちをスイッチしていただきたいと思います。

　また、"願書は必ず出しましょう"といっている、もう一つの意味についてお話しいたします。願書を出して、受験申請するということは、今年宅建士試験を受けよう、このように不退転の決意を表明したという意味であります。お尻に火をつけるという訳です。たとえ、7月の時点で、「今年は勉強がうまく進んでいないな、今年は受験しないかも」と思ったとしても、受験申請をしておけば、意外と8月〜9月に勉強がはかどるかもしれませんし、受験しない場合に受験料がムダになってしまうかも、等と消極的なことは考えないほうがよいでしょう。願書を出すと、いよいよ受験が近づいていると、そういう心構えにもなれますので、ぜひ受験手続は合格するまでは毎年行っておくようにしてくださいね。

SECTION 2 いよいよ学習をはじめるゾ

17 テキスト選びのコツはありますか？

　テキスト選び……法令用語は外国語のようで、実際これを日本語に訳すような作業は、実は講師や著者でさえ難しい作業なのです（宅建に限らず）。法律の目的を簡単な言葉に置き換えよう（勘違い……誰でもあるから。　強迫……誰でも怖いから）。だから、置き換えられているテキストを選んでね！

　法令用語を、外国語に例えた講師の先生もいるくらいで、実に初学者にとりましては法律の学習は難解なものといえます。たとえば、「権利関係・民法」に出てくる「善意と悪意」という言葉があります。ここには、道徳上の良い、悪いという意味はまったくありません。ある事柄について、知っていることを「悪意」、知らないことを「善意」といっています。ただし、道徳上の良い・悪いはないといいましたが、「背信的悪意者」という用語になりますと、これはもう悪人といってよいのです。これは、人の信用を逆手にとって、自分が得をするために人のためにならないことをする者という意味でとってください。たとえば、「AがBの所有する土地を購入しようとしていることを知って、もっぱらAに高く売りつけようとする目的でAよりも先にBから土地を購入したC」などは、背信的悪意者ということになります。

　テキスト選びでチェックをするべき点は、その教科書の出版元はどのような会社か、その本の活用法は何なのか、学校の講義用に編集されたものなのか、独学者向けに作られたものなのかなどが、自分に合ったテキスト選びのポイントになります。また、基本テキストから問題集まで、どこまで手を広げれば合格するための学習に十分に材料がそろうのかど

うかは、シリーズのコンセプトしだいになるでしょう。よくできたテキストは、講師が講義で話すところがないのです。全部出ているから。かえって、講義レジュメや板書のような、スカスカな材料で講義を行うほうが、講師は「教科書に載っていないこと」が多いから、授業でしゃべるネタが多く取り入れられるので、授業しやすいともいえるのです。そのことから考えますと、いかにボリュームが多くても、独学者にとっては、たくさんの事項が載っているテキストのほうがありがたいとはいえますが、その分厚い本を使いこなすに当たっては、さらに簡単に書いてあるテキストや、本書のような受験のためのノウハウ本・入門書を横において学習を進めたほうが良いでしょう。

実践アドバイス
テキスト選びは、書店での第一印象も大事！
惚れ込んじゃえる、テキストに巡り合いたいですね！

18 覚えたことをすぐに忘れてしまうのですが

忘れて当たり前なのですが、忘れっぱなしにしないようにしましょう。連想術～ゴロ合わせの活用を。

教室での生徒さんとのやり取りなどで、「せっかく覚えた項目も、すぐに忘れてしまいます。記憶力も歳のせいか、無いんです。どうしたらよいでしょうか」というお悩み・ご質問があります。分析してみますと、たとえば"ある項目"について、

① ちゃんと理解していなかったのですが、一度テキストで見たり授業で聴いたりして覚えた気になっていたので、忘れたと思った。
② 一度きちんと理解して頭に入ったはずなのですが、「時間が過ぎて記憶が薄れた」、もしくは「過去問を解くことで出題の形をパターン化することをしていなかった」

ということが考えられます。

「忘れるのは人間だから当たり前！」ということが大前提になります。気にしすぎないで、**繰り返して学習する**しか方法はないですし、試験の当日にＭＡＸで記憶があればいいんだ、変な話、試験の次の日には記憶が薄れてしまったってよいのだからと、ある意味開き直ることから対処していきましょう。

しかし、前記のように、その自分の状態が①なのか②なのかということを把握しておくことが重要です。②の状態ならばよいのですが、①の状態ならば、もう一度理解を深めておく必要があるからです。

①のレベルの項目について、②のレベルにしておくためには、

> テキストで該当の項目を学習する→その項目について、すぐに過去問題を解く→過去問題の解説で確認する→その解説の中で「何だかわからないことが書いてある」と思ったら、基本テキストに戻って基本事項を確認する（過去問題の解説だけで理解できたら、テキストに戻らなくても良い）。

この学習上の項目別サイクルをフル回転させて、記憶に刻み込む作業を、１日数分の細切れ時間を使ってでも**習慣化**（習慣とは第２の才能ともいわれます）させてください。

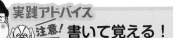

実践アドバイス

注意! 書いて覚える！

書いて覚えるのが必殺ワザ
基本テキストを全部書き写してみた！　というツワモノがいました。これは大変ですが、けっこう効果がありそうです。「書き写した項目について、すぐにその項目の過去問題にあたってみる」などのルールのもとで、やってみることもありでしょう。苦手な科目で、部分的にでもよいのです。

⑲ ゴロ合わせに頼る？　頼らない？

ゴロ合わせは、使い方次第！　自分で作ったものでないと、試験会場では効力を発揮しにくいかも。自分でゴロ合わせを作っちゃおう！

基本テキストなどで、よくゴロ合わせを扱っているものがあります。宅建士試験に限らず、資格試験では"暗記"が必要な科目というものがありますので、ゴロ合わせが有効である場合も、いっぱいあるのです。ここで注意すべき点は、ただ単にゴロ合わせをたくさん覚えても、はたしてそれが何のゴロ合わせだったのかを試験会場で思い出せるかどうかということです。試験会場では、極度に緊張しますので、せっかくゴロ合わせを思い出せても、何を表すものだったのかを問題に当てはめて解答を導き出すことは、なかなか困難なことなのです。

宅建士試験では、特に「法令上の制限」の科目では主に「建築基準法」の単体規制など、「宅建業法」の科目であれば「重要事項の説明」や「37条書面の交付」の各項目あたりが、ゴロ合わせをうまく使える箇所ということになりそうです。あまりたくさんのゴロ合わせを使おうと考えますと、それも知識の混乱の元ですので、あらかじめ点数を絞って、狙いをつけておこうという作戦です。

また、必要なゴロ合わせは、自分で考えておいて使うという方法もあります。自分で考えたものは、たとえそれがゴロ合わせ的にはいまいちのものであったとしても、忘れにくいというメリットがあります。この方法は、私も宅建士以外の試験（マンション管理士試験等）で役に立った方法です。このときは、「宅建業法」によく似た考え方の法律である「マンション管理適正化法」の攻略に用いました。

ゴロ合わせは、自分には、シンプルなもののほうが合っていましたので、重要な項目の語句の頭の音をとって、ゴロ合わせにして使ってきました。大事なことは、自分で考えるとよい、ということです。

具体例として、以下のようなものを実際に使ってきました（例は、マンション管理業務主任者試験で用いたものもあります）。なぜかバッチイ感じが多くてゴメンナサイ。

宅建業法　　保証協会の業務

　研修、弁済、苦情の解決……検便は苦しい　（研、弁、は苦しい！）

マンション管理適正化法　　マンション管理士の業務内容

　助言、指導、援助……女子便所　　（助、指、援助）

（"女子高生の援助交際"と覚えちゃう！）

どうして自分で考えたゴロ合わせのほうがよいのでしょうか、それは、忘れにくいからです。逆に言いますと、すごく頭に入って忘れなければ、いろいろなテキストに出ているゴロ合わせを覚えていくことでも、よいということですね。ただし、自作のゴロ合わせの採用に関しては、他にもメリットがあります。それは、考える際に、とても勉強になるということです。

　ゴロ合わせを考える作業を通じて、重要事項が頭に組み立てられて刷り込まれる（インプット）、それをゴロ合わせのキーワードを使って試験会場で引き出す（アウトプット）ということになりますね。そう考えますと、試験会場で何のゴロ合わせだったかわからなくなくなるということは、キーワードの鍵がどれだかわからなくなったというようなことになるかと思います。自前の鍵であれば、忘れにくいということでしょうか。

20 まんがは楽しい!!

まんがもおススメ。まずはまんがだけ読んで、雰囲気をつかむのも、よいですよ♪

　最近の宅建士関連書の中でも人気のものに、「まんが」で宅建の内容を学習する、といったものが多く見られます。それはそれでとても良いことなのですが、そのまんがのスタイルにも、特色のあるものが多いです。なかでもオススメのスタイルはどのようなものでしょうか。**ストーリー**仕立てのマンガはわかりやすい気がいたしますが、まんがの内容としては、ある程度パターン化しているものしか作れないでしょう。基本テキストの文章スタイルをまんが化しただけのものともいえます（あるいは事件仕立てのものなど）ので、わかりやすく読み進めることができる反面、読後までは意外と頭に残っていないものです。

　4コマまんが＋文章解説の形式をとっているものがありますが、このタイプはオススメですがやはり良い点と悪い点がありますので、そこに注意して参考書として使えばよいでしょう。このスタイルのものは、文字が多くなりがちであるというデメリットが生じます。最初から、まんがと文章すべてを読んでいこうとすると、入門書という位置づけでありながら、かえって基本テキストよりもわかりにくくなる傾向にあるのです。

　よって、このタイプの本の場合は、**一巡目**はまんがの部分のみを眺めて、初心者の方であれば、分野ごと・科目ごと・項目ごとにどのような内容がある試験なのか、まずは全体像をつかむことに重きを置いてください。そして、**二巡目**以降に、解説の文章までを併せて読んでいけばよいでしょう。

　まんがと基本テキスト、どちらから手をつけるか。宅建士試験は、あくまでも法律実務家の素養を判定するための試験です。中心にすえるのは、基本テキストを読んでください。そして、過去問題集を解いてください。まんがはあくまで参考書、宅建の学習に飽きないためのスパイスとして、適宜使用すべきでしょう。そう考えますと、ベストのスタイルは、その科目・該当項目の導入部分のみをまんがで紹介し、解説はオーソドックスな文章解説になっている本が使い勝手としては重宝することでしょう。

㉑ 過去問題が最良の先生! 過去問大好き!

過去問題が最良の先生……基本テキスト+過去問題

マンション管理士試験受験のときのビックリ体験を明かします! 過去問は合格に向かうための地図です! カーナビです!!

　過去問演習は、受験対策上の**最重要学習ツール**です。当たり前のように言われていることですが、もしもこの過去問をベースにした学習法が取れない場合は、どのような事態に陥るのかというひとつの例があります。

　それは、マンション管理士試験が実施されたときのことです。平成13年、新しい国家資格として誕生しましたマンション管理士（管理業務主任者も国家資格としては同年に実施開始）試験ですが、当時たくさんの基本テキストと問題集（当然第1回目の試験前でありますので、過去問題ではなく予想問題集）がいろいろな出版社から発売されました。学習するためのツールは多くあったのですが、ともすれば、そのテキスト類の内容や論点・問題の難易度等は、各出版社によってまちまちともいえました。過去問題が存在しないのですから、どの程度の対策本を作ればよいのかが、発行する側としてもわからなかったといえます。

　民間資格としてすでに存在していた「区分所有管理士」の問題例を元に予想して作ったり、2時間50問の問題として似ている宅建士試験を比較参考に難易度を考える等、さまざまな試みで対策本が世に出されたのです。学習する際の目標点になる合格基準についても、最初は予想しにくい資格でした。

　そう考えますと、過去問題に準拠して対策の学習ができる近時の宅建

士試験、実にありがたいことです。すぐにでも、過去問がある幸せを噛み締めながら、過去問演習を始めてみてください。

実践アドバイス

注意！ テキスト⇔問題集の繰り返し！

基本テキストに戻って繰り返しの確認を！
テキストに載っていないことは、過去問題集の解説でマスターしましょう。テキストに載っていないじゃないの〜、ということもありますが、最近の基本テキストの主流は「見やすく、楽しく、オモシロク！」という傾向にもあります。「何でも載っていて、これ全部覚えれば受かるんデス」というつくりではありません。　テキスト←→過去問題集の繰り返しで、マスターしていきましょう。テキストに出ていないのに、過去問には出ている項目というのは、落とすための新傾向・新ジャンルの出題項目かもしれないのです。

22 どうして過去問題集がこんなに売っているの？

　だって過去問は宝の山……出題の大半は、過去問の焼き直し的な問題ですよ！　繰り返し出題したいところは決まっている！！

　宅建学習の基本は、「基本テキスト」で知識をインプットし、「問題集」で覚えた知識をアウトプットすることで、出題項目を記憶に定着させていきます。宅建士試験の出題範囲は広範であり、学習する法律の種類もいくつもありますが、試験に出題されるポイントは、毎年の問題を分析すると、その傾向があります。

　宅建士として確実に知っておかなければならない知識は、出題者としても出題項目から外すことはできません。そこで、例年出題されやすい項目というものが、過去に出題された問題を研究することで、かなり絞れてくるのです。各社が発行している「基本テキスト」は、そうした過去の出題ポイントを研究して、重要な項目を集めて編集されています。

　また、「テキスト」で勉強した後は、その項目ごとに「問題集」で問題を解く練習をすることになりますが、その際に練習する材料として、「過

去問題集」が最適です。実際に出題された問題を集めて、最新の法律に
あわせて修正された過去問題集で解答の練習をすることで、着実に実力
がついていきます。過去問題を練習していきますと、「この問題は似た
ような問題が他の年度にも出ていたな」等、気がつかれると思います。
その問題が、「よく出るポイント」なのです。

　あせらず、繰り返し学習に徹することがコツです。この「テキストと
問題集の繰り返し」をどのくらいできたかで、得点力が上積みされてい
きます。徐々に、過去問題集を使った問題演習を開始していくと良いで
しょう。

　過去問題集を有効利用する……特に宅建業法は、同じ項目の同じ箇所
が繰り返し出題される傾向が強いといえます。「宅地建物取引士」になる
ための試験である以上当然といえば当然ですが、その他の理由として、
宅建業法は条文番号も86条までしかなく、それでいて出題数は宅建士試
験の全50問中20問を占めるわけですので、論点・出題箇所が重なるのは
ムリもありません。そのため、過去問題集を使って過去問題を演習して
おくことはとても効果があるのです。

　以下に例をあげて、見ていってみましょう。

【宅建業の定義の問題：宅建業とは？】
◎物件の賃貸を行っても、宅建業に当らないというポイントは、こんなに問題に出ている！

（以下、H＝平成出題年度、〇×は正解）

- Aが、B社が甲県に所有する1棟のマンション（20戸）を、貸主
  として不特定多数の者に反復継続して転貸する場合、Aは甲県知
  事の免許を受けなければならない（H23×）。
- Eが所有するビルを賃借しているFが、不特定多数の者に反復継
  続して転貸する場合、Eは免許を受ける必要はないが、Fは免許
  を受けなければならない（H24×）。
- Aの所有するオフィスビルを賃借しているBが、不特定多数の者

- に反復継続して転貸する場合、AとBは免許を受ける必要はない（H17○）。

- 地主Cが、その所有地に自らマンションを建設した後、それを入居希望者に賃貸し、そのマンションの管理をCが行なう場合は、免許を受ける必要はない（H13○）。

- Cが、その所有地にマンションを建築したうえで、自ら賃借人を募集して賃貸し、その管理のみをDに委託する場合、C及びDは、免許を必要としない（H16○）。

- Aが、賃貸物件の複数の所有者から一括して借上げ、賃借人に自ら又は宅地建物取引業者に媒介を依頼し賃貸する行為を繰り返し行なう場合、Aは免許を必要としない（H14○）。

　重要なことは→免許がいらないのは、「自ら貸借」「自ら転貸」「マンション管理業」「宅地造成業」など。

　いかがでしょうか。宅建士になるために、どうしても知識として持っていてもらいたいという重要な論点については、若干形を変えて何回でも出題したいと、試験を実施する側は考えて問題を作成しているのだということの証明です。逆に、これだけ演習しておけば、この論点はOKでしょう。

◎問題文がそっくりな出題も多数!

- 不特定多数の者に対し、建設業者Fが、建物の建設工事を請け負うことを前提に、当該建物の敷地に供せられる土地の売買を反復継続してあっせんする場合、Fは免許を受ける必要はない（H19×）。

- 建設業の許可を受けているCが、建築請負契約に付随して、不特定多数の者に建物の敷地の売買を反復継続してあっせんする場合、Cは免許を受ける必要はない（H17×）。

- Aが、競売により取得した宅地を10区画に分割し、宅地建物取引業者に販売代理を依頼して、不特定多数の者に分譲する場合、Aは免許を受ける必要はない（H19×）。
- Aが、競売により取得した複数の宅地を宅地建物取引業者に媒介を依頼し売却する行為を繰り返し行なう場合、Aは免許を必要としない（H14×）。

　いかがでしょうか。いかに、**過去問が焼き直しをされて再び出題され**ているのかがわかります。

　さらに、他の項目でも……

【営業保証金の問題：還付が受けられるのは？】
◎営業保証金の中から還付を受けられるのは、宅建業の取引から生じた債権だけ、という論点。

- 宅地建物取引業者との取引により生じた債権であっても、内装業者の内装工事代金債権については、当該内装業者は、営業継続中の宅地建物取引業者が供託している営業保証金について、その弁済を受ける権利を有しない（H13○）。
- Aが販売する宅地建物についての販売広告を受託した者は、その広告代金債権に関し、Aが供託した営業保証金について弁済を受ける権利を有する（H11×）。
- 印刷業者Cは、Aが行なう宅地建物の売買に関する広告の印刷依頼を受け、印刷物を作成し納品したが、AがCに対しその代金を支払わなかった。この場合、Cは、Aが供託した営業保証金からその債権の弁済を受ける権利を有する（H17×）。
- Aとの取引により生じた電気工事業者の工事代金債権について、当該電気工事業者は、営業継続中のAが供託している営業保証金から、その弁済を受ける権利を有する（H21×）。

　これでもか、これでもかというように、**重要論点は繰り返して出題さ**れます。過去問題を基にして、作問をしているのだと考えてよいでしょう。そうなりますと、過去問題を学習することは最重要の試験対策であるということになりそうです。「過去問題のレベルを越えた感じの問題が出題された……」と感じる出題傾向の年度もありますが、それでも、過去問題をベースに学習を組み立てていくということは、試験対策として必要なことだといえます。

　その他の項目ですと、「クーリング・オフ制度」に代表される項目の「宅建業者が自ら売主として一般の相手方に対して物件を売却する際の制限」などについては、似たような出題事項が繰り返して数多く出題されています。近時では、その中で、「個数問題」「組合せ問題」をちりばめて、問題自体の難易度を上げて受験生をふるいにかけようとする出題形式が出てきているというわけです。そういう傾向に対しても、対策は「過去問演習」を繰り返せ、ということになってきますね。がんばりましょう。

㉓ 過去問活用ウラ技オモテ技

> 過去問活用については、下記のような利用法もありますよ！
> ①　先に答えを見る！　　（直前期向け）
> ②　10年前の問題まで見る！（おススメ）
> ③　20年前の問題まで見る！（講師向け）
> ④　昭和の問題を見る！（宅建のマニア向け）

● 過去問題学習のウラ技とオモテ技

　過去問題集は、そのものズバリですが、過去の宅建士試験において出題された問題を科目ごとあるいは出題年度ごとに編集し、その年の最新の法令にアップデートして作られた問題集ということになります。基本的な使い方としては、基本テキストでその科目のある項目（たとえば、権利関係で民法の代理の部分）を学習し、その後すぐに該当する過去問

題集の問題（同じく代理の過去問題）を解答してみるという方法です。

　ここで、気をつけなければならないことは、「基本テキストを全部読んでから、過去問題集を解答しよう」ということにならないようにすることです。基本テキストを全部読んでからということですと、そのテキストの最初に読んだ部分は、問題集をやるころには忘れてしまっているでしょう。

　繰り返しますが、人間は、どうしても忘れっぽいものです。ですので、その日、その日にテキストで覚えたつもりの項目は、**すぐに過去問題**に当たって問題を解いてみるようにするのです。その効果として、テキストの記述が、問題ではどのような形式で、どこの論点が問題として出てきているのか、ハッキリと頭に刻み込まれるわけなのです。

　さて、最近の宅建士試験は、難しくなってきている傾向にあるということでした。難しい問題が本試験に出た際等には、過去問題集の解説部分にはくわしく記載されていても、基本テキストにはその部分が記載されていないというような事態も生じています。問題が難問化してきている以上、仕方のないことなのですが、そこはもう逆手にとるしかありません。

　ある時期（宅建士試験が10月の試験であるので、８月上旬ごろから）が来たら、過去問題集をテキストの位置に据えてしまって、基本テキストは、参考書代わりに必要に応じて確認するという**シフトチェンジ**です。場合によっては、過去問を、通常は問題を読む→問題を解く→解答解説で確認する、という方法ではなく、いきなり解説文を読んで、その内容を確認する。あるいは、その解説文から問題文の内容を推理する等の方法も必要になってくるのです。

　ただしこの方法は、その問題集を複数回こなした後で、確認の目的で行うようにするべきでしょう。指南本によっては、本当に初回のいきなりのところから、過去問題集の解説文を先に読んでしまったほうが早い等ということを紹介したものもありましたが、それは、他の法律系資格学習の経験者等が用いるべき方法でありますので、いくらウラ技とは言っても、そこまで踏み込むことはありません。

　また、過去問題集は、年度版スタイルの問題集であれば、過去何年分さかのぼって学習をしておけばよいものでしょうか。俗に"10年ひと昔"という言葉がありますが、10年程度分を演習しておけば、十分すぎるともいえます。特に、宅建業法などは、平成20年代前半等は、ちょうど10年前の問題にもそっくりの問題が出ていたりして、大変参考になりました。

　とはいえ、項目別の"よく出る項目"をセレクトして編集された過去問題集を3回から5回解答することを目標にしていけばよいのであって、要は出題傾向さえつかめればよいわけです。20年分は、さかのぼらなくても（宅建の講師の先生でない限り）よいでしょう。

㉔ 借地借家法って"民法"じゃないんですね？

**　法律のMAPを頭に叩き込もう。私法・公法、一般法・特別法の区別等。インターネットホームページの「サイトマップ」に似ているかも？**

　一般的に、宅建士の受験対策書、基本テキストの類を見てみますと、冒頭に宅建士試験のガイダンス、その後は、一般的に権利関係の科目から記述が始まるというものが多いのです（最近では「うかるぞ宅建士基本テキスト」のように「宅建業法」から始まっているテキストもよく見かけますが）。とくにその権利関係、契約の基本原則から始まって、制限行為能力者制度の解説が始まるというパターンになっているかと思いますが、この権利関係という分野は、正式には"土地及び建物についての権利及び権利の変動に関する法令に関すること"という分野ですので、内容的には、民法・借地借家法・建物区分所有法・不動産登記法の集合体というわけです。しかし、この集合体、基本法であるところの民法とその特別法や手続法である他の法令との関係性について、先に整理しておきませんと、後々で知識がこんがらがってしまうということにもなりかねないのです。

以前に、教室に訪ねてきた受験生の方に質問を受けたのですが、「民法と借地借家法は違うんでしょうか？」とのご質問でした。「そのとおり、違う法律なのですよ～」という話になったのですが、最初からその関係性を書いた本が一般的ではなかったため、学習の最初の部分でつまづいてしまった形だったのです。一般法と特別法の関係を図式化して説明することで、こちらの受験生の方の理解度は急速に深まったという体験があります。

　どうぞ次の図式を使って、一般法と特別法の関係をまずは整理してみてください。その意味では、行政書士試験で科目の一つとして学習する「基礎法学」的な学問を、さらっとでも見ておくことは非常に有効なことかもしれないのです。

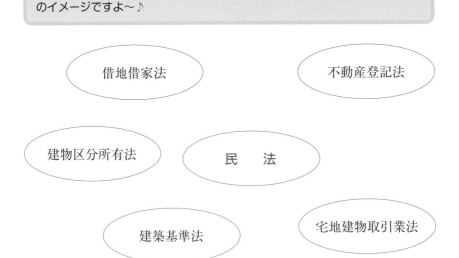

実践アドバイス
注意！ **民法と特別法との関係をまずは整理！**
民法が太陽で、その他の民法から見た特別法が、太陽の周りを回っている惑星のイメージですよ～♪

借地借家法

不動産登記法

建物区分所有法

民　　法

建築基準法

宅地建物取引業法

25 判例ってなんですか?なんかムズカシイ?

判例の意味を知りましょう　宅建では最高裁の判決のこと。実務でも出てくることが多いです。ただし、宅建士の試験対策ではテキスト記載の有名なものを押さえておけば十分です。

「判例」とはなんでしょうか?　判例とは、過去の最高裁判所の判決ですが、最高裁判決については、以降の法的判断の際の判断材料・法源となりえます。

「法源(ほうげん)」とはなんでしょうか?　法源とは、法のみなもと、法的判断の際の基準になりえるものということです。それは、憲法、法律、政令、条例、規則のような、成文の形をとったものもあれば、国によっては、不文法を採用している国もあります。

判例もまた、法的判断の際の材料として採用されているということなのです。今回の民法改正でも、判例だったものが条文規定されたりしているものもたくさんあります。

さて、宅建士の試験においても、判例は出題の対象となっています。権利関係科目のなかでも、「民法の規定及び判例によれば、正しいものはどれか」とか、「民法及び借地借家法の規定並びに判例によれば、誤っているものはどれか」など、問題を解く際の判断材料に名指しで指名されているのです。しかし、ウラを返せば、このような問題前文があった場合は"民法や、借地借家法だけじゃなくて、判例の知識も併せて考えてください"という出題者のメッセージがこめられている、判例に関係のある問題肢が正解肢である可能性が高い、ということなんです。

それでは、判例とは難しいものなのか、どうなのかということですが、宅建士試験に出てくる判例とは、土地建物の取引に関して特に覚えておいてもらいたいというものが、出題されているわけです。テキストにも、よく出てくる有名な判例がほとんどですので、基本のテキストを見れば、だいたいのものが出ておりますし、また、それ以上の対策は必要ないと

いうことです。

　判例の例としては、賃借権の又貸し（転貸借）を無断で行った場合に、賃貸人が賃借人との賃貸借契約を解除できる、というのは民法上の規定（612条）ですが、とくに信頼関係をこわすまでに至らない場合は解除事由にならないですとか、実際にその転貸借の目的物件を使用させない限りは解除事由に至らないですとかいう部分、結論は、判例のカテゴリーになります。このように、難しい内容ですが、判例の解説自体は、宅建の基本テキストに出ているものである、ということですね。

　さて、最近、宅建士の試験においては、問題文の前半で判決文を読んで、その判例の趣旨に合う肢を選んで解答するというタイプの問題が出題され続けています。私は、この問題を"トラップ問題"の一つと呼んでいます。テキストをしっかりと読み込んで、過去問題を繰り返し解答しておけば、知らない判例ばかりではないし、判決文を読まなくても、判断できる4肢が並んでいるなぁという印象です。ではなぜ、この形式の問題が出題されるようになったのでしょう。解けるんですよ、判決文をよく読めば。その代わり、判決文をじっくりと読んでおりますと、かなりの時間を使ってしまうのです。この意味で、トラップ問題、これはワナ問題だ、と捉えているわけなのです。ですので、この形式の問題を解答する際には、まずは、四択の文章を読んでみて、そこで解答が得られれば時間短縮で解答を導き出してしまいましょう。そこで、忘れてしまったり、すぐにわからなかった場合は、この問題は後回しにして後から判決文を読んで、解答するという作戦で、切り抜けてください。

> **ウラ技** 判例問題は、権利関係、民法関連が中心です。行政書士試験向けの判例解説書（行政書士試験では、40字程度の記述問題が出題されます。判例中心に対策を立てていくことがセオリーです）を用いて、判例問題を得意技にしてしまう方法も、"ウラ技的テクニック"としてオススメです。

実践アドバイス

注意！ 判決文は最初は読まない！

判例前置き問題は、判決文を読まなくても解ける場合も！　〜読んだら思うツボ？　それでもけっこう解けますよ。それでも手ごわいときは、次の対策で！

○判決文問題対策

　「判決文を読んで正誤を判断する」判決文問題は、平成20年度から毎年１問出題されています。判決文の言い回しは堅苦しく漢字だらけ、しかも長文です。読むだけで嫌になりますが、実は解き方がわかっていれば、それほど難しい問題ではありません。

　また、このタイプの問題を練習すると読解力が身につくので、事例問題（AがBと、という具体的な問題）を解くうえでも役立つはずです。

1）正しいものを選ぶのか、誤っているものを選ぶのか、確認する

　これは、判決文を読む問題を解くときだけでなく、すべての問題を解くときに共通する「一番初めにやること」です。

2）判決文を読む

　まずは、判決文が何を述べているかをつかみます。

　いきなり判決文と選択肢の全部を読んで解こうとすると、混乱してしまいます。

　判決文で書かれていることと、同じ（正しい）か違う（誤っている）かを判断するのがこの種の問題のポイントです。判決文の内容をつかむことができなければ、解答できません。

　大事なところに線を引きながら、読んでいくとよいでしょう。線を引いておけば、頭の中が整理できます。

　しかも、選択肢で迷ったとき、もう一度全部読み直さなくてもよいというメリットがあります。

　文の枝葉にまどわされないよう、「主語と述語」を意識してみてください。

3）選択肢を読む

　4つの選択肢を全部読んで比べるより、1つずつ読んで、判決文と同じかどうかを見ていくのが確実です。

　過去問題のパターンを見ると、平成26年度だけは「正しいものはどれか」でしたが、平成20年度の初出題から令和元年度まで、他はすべて「誤っているものはどれか」が問われました。圧倒的に「間違い探し」だと思ってよいでしょう。

　ただし、「判決文に載っていない」＝誤った内容、ではありません。設問は「民法の規定及び下記判決文によれば」なので、民法の規定を忘れてはいけません。

　「判決文には載っていないが、民法の規定」であれば正しい内容となりますし、「判決文には載っていなくて、民法の規定とも違う」ということなら誤った内容だとわかります。

　「民法の規定」はテキストに載っていたはずですから、もし民法の規定がわからないのが原因で正解できなかった場合は、もう一度テキストを読み直しましょう！

ウラ技

分解する！
　1）判決文を読む
ポイント　大事なところに線を引きながら読む
　2）選択肢を読む
ポイント　間違い探し
ポイント　肢1つずつを、判決文と比べていく（民法の規定も忘れない）

○判決文問題　演習

　判決文と誤りの選択肢をセットにして、演習問題を作成しました。選択肢のどこが間違っているかを見つけてください。

問1　無権代理に関する次の1の記述は、民法の規定及び下記判決文によれば誤っている。どこが誤っているか指摘せよ。

（判決文）

　無権代理人が本人を他の相続人と共に共同相続した場合において、無権代理行為を追認する権利は、その性質上相続人全員に不可分的に帰属するところ、無権代理行為の追認は、本人に対して効力を生じていなかった法律行為を本人に対する関係において有効なものにするという効果を生じさせるものであるから、共同相続人全員が共同してこれを行使しない限り、無権代理行為が有効となるものではないと解すべきである。そうすると、他の共同相続人全員が無権代理行為の追認をしている場合に無権代理人が追認を拒絶することは信義則上許されないとしても、他の共同相続人全員の追認がない限り、無権代理行為は、無権代理人の相続分に相当する部分においても、当然に有効となるものではない。（最判平5.1.21）

1　無権代理人が、本人の死亡により他の相続人と共に共同相続した場合には、他の相続人が追認を拒絶していても、無権代理人の相続分に相当する部分についての無権代理行為は、相続開始と同時に有効となる。

正解　（アカ文字の部分が誤り）

　無権代理人が、本人の死亡により他の相続人と共に共同相続した場合には、他の相続人が追認を拒絶していても、無権代理人の相続分に相当する部分についての無権代理行為は、**相続開始と同時に有効となる。**

問2　地役権に関する次の１の記述は、民法の規定及び下記判決文
によれば誤っている。どこが誤っているか指摘せよ。

（判決文）

　通行地役権（通行を目的とする地役権）の承役地が譲渡された場
合において、譲渡の時に、右承役地が要役地の所有者によって継続
的に通路として使用されていることがその位置、形状、構造等の物
理的状況から客観的に明らかであり、かつ、譲受人がそのことを認
識していたか又は認識することが可能であったときは、譲受人は、
通行地役権が設定されていることを知らなかったとしても、特段の
事情がない限り、地役権設定登記の欠映を主張するについて正当な
利益を有する第三者に当たらないと解するのが相当である。（最判平
10.2.13）

1　通行地役権の設定登記をしないまま、譲渡人が、承役地を譲承
　人に譲渡し、所有権移転登記を経由した場合、当該譲承人は、通
　路として継続的に使用されていることが客観的に明らかであり、
　かつ、通行地役権があることを知っていたときでも、地役権設定
　登記の欠映を主張するについて正当な利益を有する第三者に当た
　ると解するのが相当である。

正解　（アカ文字の部分が誤り）

　通行地役権の設定登記をしないまま、譲渡人が、承役地を譲承人に譲
渡し、所有権移転登記を経由した場合、当該譲承人は、通路として継続
的に使用されていることが客観的に明らかであり、かつ、通行地役権が
あることを知っていたときでも、地役権設定登記の欠映を主張するにつ
いて正当な利益を有する第三者に当たると解するのが相当である。

問3　抵当権に関する次の１の記述は、民法の規定及び下記判決文
によれば誤っている。どこが誤っているか指摘せよ。

（判決文）

敷金が授受された賃貸借契約に係る賃料債権につき抵当権者が物

上代位権を行使してこれを差し押さえた場合においても、当該賃貸借契約が終了し、目的物が明け渡されたときは、賃料債権は、敷金の充当によりその限度で消滅するというべきである。

（最判平14.3.28）

1　抵当権者が物上代位権を行使して、賃料債権を差し押さえた後，賃貸借契約が終了し建物を明け渡した場合、抵当権者は、当該賃料債権について物上代位権を行使することができるというべきである。

正解　（アカ文字の部分が誤り）

　抵当権者が物上代位権を行使して、賃料債権を差し押さえた後，賃貸借契約が終了し建物を明け渡した場合、抵当権者は、当該賃料債権について物上代位権を行使することが**できる**というべきである。

問4　債権譲渡に関する次の1の記述は、民法の規定及び下記判決文によれば誤っている。どこが誤っているか指摘せよ。

（判決文）

　将来発生すべき債権を目的とする債権譲渡契約にあっては、契約当事者は、譲渡の目的とされる債権の発生の基礎を成す事情をしんしゃくし、右事情の下における債権発生の可能性の程度を考慮した上、右債権が見込みどおり発生しなかった場合に譲受人に生ずる不利益については譲渡人の契約上の責任の追及により清算することとして、契約を締結するものと見るべきであるから、右契約の締結時において右債権発生の可能性が低かったことは、右契約の効力を当然に左右するものではないと解するのが相当である。（最判平11.1.29）

1　契約時点ではまだ発生していない将来債権でも、発生原因や金額などで目的債権を具体的に特定することができれば、譲渡することができるが、譲渡時点でその債権発生の可能性が低かったことは譲渡の効力を否定するものであると解するのが相当である。

正解　（アカ文字の部分が誤り）

契約時点ではまだ発生していない将来債権でも，発生原因や金額などで目的債権を具体的に特定することができれば，譲渡することができるが，譲渡時点でその債権発生の可能性が低かったことは譲渡の効力を**否定するものである**と解するのが相当である。

問5　不法行為に関する次の1の記述は、民法の規定及び下記判決文によれば誤っている。どこが誤っているか指摘せよ。

（判決文）

使用者が、その事業の執行につきなされた被用者の加害行為により、直接損害を被り又は使用者としての損害賠償責任を負担したことに基づき損害を被った場合には、使用者は、その事業の性格、規模、施設の状況、被用者の業務の内容、労働条件、勤務態度、加害行為の態様、加害行為の予防若しくは損失の分散についての使用者の配慮の程度その他諸般の事情に照らし、損害の公平な分担という見地から信義則上相当と認められる限度において、被用者に対し右損害の賠償又は求償の請求をすることができるものと解すべきである。

（最判昭51.7.8）

1　使用者は、被用者の加害行為により、損害賠償債務を負担したことに基づき損害を被った場合は、加害行為の予防について使用者の配慮義務に努めていたときに限り、損害賠償額の全額を被用者に対し請求をすることができる。

正解　（アカ文字の部分が誤り）

使用者は、被用者の加害行為により、損害賠償債務を負担したことに基づき損害を被った場合は、加害行為の予防について**使用者の配慮義務に努めていたときに限り**、損害賠償額の**全額**を被用者に対し請求をすることができる。

さて、権利関係の勉強をした方は、解いてみて、「なんとなく選択肢に見覚えがある気がする」と思いませんでしたか。実は、すべて過去問

題が基になっています。権利関係の問題文を読むと、よく「民法の規定及び判例によれば」と書かれていますね。ふだん権利関係の勉強をし、過去問題を解いている間に判例も勉強をしているのです。判決文問題は、判例を基にした選択肢が長くなっただけです。

判決文問題の分析（出題項目と正誤の別）

平成20年度問8	弁済	誤っているものはどれか
平成21年度問7	法定地上権	誤っているものはどれか
平成22年度問9	契約の解除	誤っているものはどれか
平成23年度問9	担保責任	誤っているものはどれか
平成24年度問5	請負	誤っているものはどれか
平成25年度問7	保証債務	誤っているものはどれか
平成26年度問5	債権譲渡	正しいものはどれか
平成27年度問9	土地転貸	誤っているものはどれか
平成28年度問9	信義則	誤っているものはどれか
平成29年度問3	共有	誤っているものはどれか
平成30年度問8	原状回復	誤っているものはどれか
令和元年度問5	無権代理	誤っているものはどれか

26 法改正箇所とはなんですか？

> 宅建士の試験は、その年の4月1日現在に施行されている（世の中で通用している）法令に基づいて問題がつくられます。そして、法律が変わったところ（法改正箇所）は、出題されやすいのです。

　改正された箇所は、その必要に迫られて法律をワザワザ変えたところですので、法律を作った側（国家）にしてみれば、国民に周知したいでしょうね。それと同じく、宅建士の試験出題者にしてみれば、早く問題に出して、受験者にその法律を知ってもらいたいと思うはずですね。

　実際に、不動産業の実務に携わっている方であれば、そういった法律の改正に身近に接していることで情報が入りやすいという反面、急に法律が変わると、知識を覚え直さなくてはならないということもあり、逆に戸惑ってしまうということもありますので、注意が必要です。

　「今回初めて法律を勉強するワヨ〜」という方の場合は、その部分で新しい知識をそのまま吸収すればよいわけですので、その分気楽に取り組みましょう！　でも、基本テキストや過去問題集などを選ぶときは、新しい法律に合わせてきちんと直された内容の物（**最新の年度版**）を選ばないと大変です。

　法改正は出題科目に関する法令全般にわたって行われます。毎年の、法改正情報には注意を払いましょう。テキストを発行している出版社などでは、そのテキストの内容に準拠した改正情報を、そのホームページなどに掲載することがほとんどですので、こまめにチェックしてみるようにしましょう。

　とくに最近では、「都市計画法」「建築基準法」関係の改正（新しい用途地域として、田園住居地域が仲間に加わりました）や、宅建業法の改正（建物状況診断関係、重要事項説明関係ほか）も行われていますし、2020年の試験からは、民法の改正についても試験範囲に入ってきます。また、税法関連では、不動産取得税や固定資産税関係の特例の延長など、毎年

のように改正チェックが必要ですよ。

実践アドバイス

統計問題でも、最新情報は必要！

法改正ではないのですが、統計問題に関しては、毎年最新の数字が問われます（地価公示、建築着工戸数、企業統計他）。こちらも、要チェックですよ。

SECTION

3 学習も佳境に

27 新傾向の問題とは！

　新傾向の問題としてすっかり定着した「個数問題」と「組合せ問題」は、果たして本当に難しいのでしょうか？　そんな気がするダケカナ？

　最近の宅建士試験で、新傾向として出題が見られるようになった形式（例年のスタンダードな出題形式として確立されているもの）として、前述の「判決文を読んで正誤を判断する。」「正しいものまたは誤っているものの個数を判断する」「正しいものまたは誤っているものの組合せを選ぶ」といったようなものがあります。とくに、宅建業法では、出題数が20問に増量されたことをきっかけとして、個数問題と組合せ問題が目立つようになったといえるでしょう。その理由としては、問題自体の難易度を上げすぎることは、受験生のほうが得点できなさ過ぎても困りますし、得点が伸びすぎても合格ラインが上がってしまいますので、合格者数の調整を行うために多く取り入れられるようになったといえるでしょう。

　さてその対策ですが、これはもう、○×単答式の問題を十分にこなしておくことが必要かつ十分な対策法といえます。問題を解くにあたって、自身がこなしてきた○×単答式の問題に似た肢があったのならしめたものです。また、過去問題の４肢の中に、似たものがあったかもしれません。こうしてみていきますと、やはり「問題演習を行って十分に慣れておく」というメインの学習方法に大きな違いはないということがわかってきますね。

　ただし、組合せ問題の場合は、正誤が判断できない肢が混じっていたとしても、組合せの妙で、正解肢を決められるという場合があります。

その意味で、全部の肢の正誤の判断を迫られるという個数問題のほうが、より難易度が高いとはいえるでしょう。

　ここでお伝えしたいのは、だからといって個数問題・組合せ問題に対して苦手意識を持つ必要はまったくない、ということなのです。このような事例があります。十分に問題演習をして本試験に挑んだ方の体験談ですが、「個数問題・組合せ問題は、各肢を比較検討するため意識して問題文をしっかりと読み込んだが、通常の４肢択一問題は、問題の途中まで読んで、『あ、これが正解かな？』と思って最後まで問題文を読まずに解答してしまったりしたので、かえって正解率が下がってしまったんですよ」ということでした。十分に問題演習を行って、出題ポイントとパターンの知識の在庫を多くストックしておけば、恐れるに足らずです。大切なのは、問題文を見たときに、「過去問に似たものがあったか」と瞬時に判断できる力です。過去問に出題されていなかった問題は、“落とすための難問”のカテゴリーに入るのですから、敬遠するのは正にそちらのほうです。個数問題と組合せ問題に関しては、むしろ得意な出題形式だと飲んでかかれるように準備しておきたいものです。

“宅建士試験” 新傾向の問題とは

　宅建士試験は、原則的には、「受験生をふるいにかける試験」といえます。受験生全員を合格・通過させることが目的とされた試験ではありません。よって、「ふるいにかけるための問題」というもの（落とすための問題）が存在し、その問題は、ときに「新傾向の問題」という形となって出題されております。それが「判例前置問題」であったり、「個数問題」であったり、「組合せ問題」であったりしてきた訳です。

　しかし、これからの宅建士試験は、そのような「ふるいにかける問題」だけでは成立していかなくなることでしょう。実務に根ざした、より実践的な事例問題について、出題が増えていく傾向になっていくものと考えられます（特に宅建業法分野）。一例をあげますと、平成26年度の試験の宅建業法の出題（問36）などです。重要事項説明についての出題ですが、単純に条文の内容を問うものではなく、宅建士が実際に仕事をし

ている場面を判断させる実務チックな内容になっています。

【平成26年度　問36改訂】

　建物の貸借の媒介を行う宅地建物取引業者が、その取引の相手方に対して行った次の発言内容のうち、宅地建物取引業法の規定に違反しないものはどれか。なお、この間において「重要事項説明」とは同法第35条の規定に基づく重要事項の説明をいい、「重要事項説明書」とは同条の規定により交付すべき書面をいい、説明の相手方は宅地建物取引業者ではないものとする。

1　重要事項説明のため、明日お宅にお伺いする当社の者は、宅地建物取引士ではありませんが、当社の最高責任者である代表取締役ですので、重要事項説明をする者として問題ございません。

2　この物件の契約条件につきましては、お手元のチラシに詳しく書いてありますので、重要事項説明は、内容が重複するため省略させていただきます。ただ、重要事項説明書の交付は、法律上の義務ですので、入居後、郵便受けに入れておきます。

3　この物件の担当である宅地建物取引士が急用のため対応できなくなりましたが、せっかくお越しいただきましたので、重要事項説明書にある宅地建物取引士欄を訂正の上、宅地建物取引士である私が記名押印をし、代わりに重要事項説明をさせていただきます。私の宅地建物取引士証をお見せします。

4　この物件は人気物件ですので、申込みをいただいた時点で契約成立とさせていただきます。後日、重要事項説明書を兼ねた契約書を送付いたしますので、署名押印の上、返送していただければ、手続は全て完了いたします。

正解　3　重要事項説明は、取引士であれば担当者でなくてもよい。

　こういう形式ですと、判断力や応用力についても、試される内容といってよいでしょう。

　また、応用的な考え方の問題ですと、問題の事例に工夫が見られるも

のも出てくるかもしれません。「代理人が破産したときに～」という記述は特にまごつきませんが、「代理人が**クレジットカード**を使いすぎて破産したときに～」などと書かれますと、少し戸惑うことでしょう。

新・新傾向問題出題予想

　新傾向の問題としましては、本書の執筆中の現在は、出題予想に過ぎません。そうは申しましても、"今までどおりに基本テキストと過去問題集の繰り返し学習を極めていけば、自然と解答ができる問題。奇をてらったものではなく、きちんと理解ができていれば解ける、応用力を問われる問題"という基準を定めて予想をした問題であれば、一見の価値有の問題ともいえるでしょう。

　下記のような問題は、どうでしょうか。

【問　題】

　農地法（以下この問において「法」という。）に関する下記の記述の中の ア から エ の空欄を埋める語句の組合せにおいて、正しいものはどれか。

　農地を相続した場合に、その相続人は、法第3条第1項の許可を受ける必要はないが、遅滞なく、 ア にその旨を届け出なければならない。また、宅地に転用する目的で市街化区域外の農地を購入する場合は、農地の権利移動及び転用に係る法 イ の ウ 等の許可を受ける必要がある。

　また、農地の賃貸借については、 エ までの存続期間が認められている。

　1　ア：農業委員会　　イ：第3条第1項　　ウ：都道府県知事
　　　エ：30年
　2　ア：都道府県知事　イ：第5条第1項　　ウ：農業委員会
　　　エ：50年
　3　ア：農業委員会　　イ：第5条第1項　　ウ：都道府県知事
　　　エ：50年

4　ア：都道府県知事　　イ：第3条第1項　　ウ：農業委員会
　　エ：30年

正解　3

　農地を相続した場合に、その相続人は、法第3条第1項の許可を受ける必要はないが、遅滞なく、**農業委員会**にその旨を届け出なければならない（農地法3条1項、3条の3）。また、宅地に転用する目的で市街化区域外の農地を購入する場合は、農地の権利移動及び転用に係る法第**5条第1項の都道府県知事等**の許可を受ける必要がある（農地法5条1項）。

　農地の賃貸借については、**50年**までの存続期間が認められている（農地法19条1項）。

　よって、空欄　ア　から　エ　を埋める正しい語句の組合せは3となる。

　いかがでしょうか。問題の元ネタともいえるものは、平成22年出題の過去問です。その過去問をベースに、いわゆる穴埋め問題として編成したものが上記の予想問題ということになります。

　このような、穴埋めタイプの組合せ問題は、行政書士試験で基礎法学という科目でも従来よく見られるタイプの形式の問題です。農地法に関して、きちんとした理解ができていれば、穴埋めの語句の候補を確認して、正解が得られるような問題です。“過去問をベースに”という部分でも、逸脱したものではありません。従来からの、「個数問題」「組合せ問題」と併せて、このような問題が出題されても、おかしくないのではないでしょうか……

28 民法大改正と、宅建士試験との関係

民法改正で宅建士試験はどうなる!?

　民法の一部を改正する法律が、2020年4月1日から施行されます。この改正による変更点については、同年2020（令和2）年の宅建士試験から、その試験範囲に含まれることとなります。

　この民法の改正によって、宅建士試験にどのような影響が出るのでしょうか。確かにすでに改正される内容はわかっているのですから、先取りして学習をしていけばよいのかということではありますが、2019年の試験ではまだ改正前の内容（2019年4月1日現在施行中の法令にて試験が行われたため）で、宅建士試験は実施されました。ですので、2020年以降の試験を受ける方も、学習自体はその年度の表示の付いた基本テキストその他の参考書や問題集でひたすら学習を行えばOKということになりますし、出題される内容にしましても、2020年度以降の試験の準備については、「判例が条文に明文化された部分」「判例を基に条文を変更した部分」「条文改正がなされた部分」を意識しながら学習をしていく、という心構えで臨んでいけばよいでしょう。

　実は、民法および関連法律の改正は、宅建士試験においては珍しいことではありません。かつての「行為無能力者制度」は「制限行為能力者制度」になりましたし、その名称だけでなく制度の中身も変わりました。保証契約は口頭から書面方式になりましたし、「借地法＆借家法」は「借地借家法」になっています。なおかつ、実務においては旧制度も契約等の時期によってはまだまだ適用される場合もあるのです。今回の民法大改正では、主に債権関係の部分が様変わりしていきますが、「この法律は以前はこうでした」という部分も実務上は押さえておかなければなりません。でもでも、こと宅建士試験においては、新しい条文の方を押さえておけばよいと思われますので、ことさら構えて受験に臨む必要はありません。

　この先も条文にない部分は新たな判例が積み重なっていきますし、条

文と判例のダブル知識で「権利関係科目」の学習をしていくという基本スタンスは変わりません。頑張ってまいりましょう！

㉙ 六法全書は必要なの〜？　分厚くて重〜い！

　「六法全書は絶対に買ってこないとダメデスカ？」。とてもよく尋ねられるご質問です。お答えとしましては、「必要です」とも「いりません」とも断言はできません。宅建士試験に出題される**重要条文・判例**については、基本テキストに掲載されておりますし、こと条文に関しては、宅建業法の「第35条」「第37条」など、どうしても覚えておかなければならない条文番号以外は、基本テキストによっては出てこないものもあります。従来、宅建士試験においては、「条文集までは必要ないですよ」との意見が大勢を占めていたと言えますが、

- 権利関係科目の出題において「条文に規定されているか否か」という趣旨の出題がなされることがある（平成30年と令和元年試験ではありませんでしたが……）。
- 該当条文と照らし合わせて学習したほうが頭に入りやすいという方もいる

との理由により、これからは条文集をも**座右の書**として活用していくことがより効果的な学習法になっていくものと考えられます。

　ただし、"宅建六法"など、宅建試験によく出る法令を見やすく集めて編集されている六法をセレクトすることが重要です。そういった宅建に特化した六法の場合は、過去問の出題データに言及しているタイプのものもあって、学習がしやすいのです。条文集・法令集の活用によって、重要事項説明や、いわゆる37条書面の交付義務についての法令による定めについて、理解が深まることでしょう。

ウラ技 民法を改正前から知っている人は、宅建六法を活用しましょう！（どこが変わったかナ？　改正箇所の確認をするため）アップデートされた基本テキストと合わせて使うことで、知識に磨きがかかりますよ！

い・よ・い・よ・試験の直前期

30 2時間で解けないと……!?

　2時間で解けないと、たとえ全部の問題が分かったところで合格しないのです。時間制限は、2時間！

　どうして過去問を解いてきたのカナ？　意外な理由はここにあります！

　過去問題演習の重要性は、本書のいたるところで指摘しておりますし、本書以外のところでも、折に触れて示されているところです。その効用としましては、

①テキストで学習した項目ごとに、**すぐに該当する出題例にあたって**解答することで、知識の定着を図る。また、すぐに問題にチャレンジすることで、漫然とテキストを読む（読んだ気になる）ことと比較して、学習に飽きることのリスクを軽減させる。

②問題は、過去に繰り返して出題されている項目に関しては、**パターン化**されている。よって、数多くの過去問題を解答することで、そのパターンに慣れていく。パターン化されていない項目は、過去においてあまり出題されていない論点であるか、あるいは基本問題ではない受験生をふるいにかけるべく仕掛けられたトラップ問題であるので、その区別がつくようになるまで問題を解くことが過去問題攻略の目安となる。

③あたかも**パズル**を解答しているかのごとく、問題が解けるようになれば、占めたものであります。このくらいのレーーベル（大声）になっていれば、な、なんと、自然と解答スピードもかなりついているハズです。

宅建士試験の解答時間は、２時間で50問を処理しますので、１問あたり、単純計算で「２分24秒」という時間（あれ〜、ウル〇ラマンより時間がないのですね）になるのですが、マークシートへの転記時間プラス見直しの時間を考えますと、１問当たり２分で処理したいところです。「そんなに早くできるかな」と心配しなくても、過去問題を使って繰り返し練習しておくことで、“勝手に”解答スピードは上がっていくものです。逆に言いますと、十分に過去問の演習を行っておきませんと、スピードはつきません。どんなに法律にくわしくなっても、50問全部を解けるだけの法律知識があっても、２時間以内に解答できなければ合格できないということを肝に銘じて、過去問題に当たっていってください。

実践アドバイス

注意！ 模試は必ず受けるべし！

模擬試験はチャンスがあれば、ぜひ受けましょう！　「何点取れるか」も大事ですけど、「２時間で解く」という感覚を身に付けることが最重要案件といえます。

31 テクニックの落とし穴にハマらないで！ （ウラ技）

　トラップ（罠）問題に注意しましょう。

　宅建士試験のトラップってどんなの？……昔「引っ掛け」問題、今「タイムロス」問題が目立っています！

　宅建受験のテクニックを取扱う場合に、問題文の各肢を比較して、「この問題のように“常に”“必ず”というような断定的な表現があったら、その肢は誤りの確率が高い」といったように書いていることがありますが、そのような判断に安易に頼るのは、試験会場で２時間で解答している状態など、極限的な状態のときに、全知識を傾注しても答えが導き出せないような場合に最後の手段として採用すると効き目があるもので、学習の初期や中期の段階から、これを意識して用いるということはあま

りおススメできません（絶対にダメとはいえませんが）。その最後の手
段をとろうという場合であっても、その前提として、十分な学習によっ
て実力をつけておかないと意味がないですし、逆に、しっかり実力がつ
いているのにそういった面にとらわれすぎると、裏を読みすぎてしまっ
て、かえって基本事項の部分で判断を誤りやすくなります。

　その結果として、誰でも取れそうな基本問題をウッカリ落とすという
ことで、僅差で合格ラインに届かないという事態も起こりえます。

　試しに、下記の問題文の正誤を判断してみてください（難易度はそん
なに高い部分ではないですね）。

- 宅地建物取引業法第35条に基づく重要事項の説明は、必ず取引士
  が行わなければならない。→○
- 宅地建物取引業法第35条に基づく重要事項の説明は、必ず専任の
  取引士が行わなければならない。→×

　いかがでしょうか。一つ一つの肢を理解しておかないと、判断を誤る
危険があります。○か×かの判断のキーワードは、「必ず」の部分ではあ
りませんね。「必ず」の語句は、キーワードではなく、ふるいにかけるた
めの"トラップ（罠）"の可能性も高いのです。○×問題の演習で、問題
肢の正誤の仕分けをはっきりつけられるようにしておくことが重要なの
です。この方法で、「組合せ問題」の正誤判断＋解答時間の短縮という テ
クニックが使えますし、通常の問題でも、全部読まないで時間短縮が可
能です（早く処理〜確認〜よっぽどの場合に変更）。

　宅建士試験におけるトラップは、今までも手を変え品を変えて、登場
してきました。十分注意してください。

トラップ問題の黒歴史?!

■あまり見たことのない論点が出る

・民法「組合契約」や「事務管理」の出題

「不法行為」の出題は、平成7年に突如登場して受験生を大いに混乱させ、翌年の「過去問題集」でも、なぜ宅建士試験でこんな問題を出したのだろうかと疑問を書いたものも見受けられました、しかしその後、「不法行為」の論点は、継続的に出題がされて定番化されました。背景に、"宅建業者による不法行為の事例が増えてきた" という良くない事情もあったかもしれません。

■時間を浪費させる

・最近の定番「権利関係　問7他　判決文問題」
・昭和→平成　問題自体の長文化
・報酬計算で個数問題　など

さあガンバろう！　受験当日になりました♪

32 試験前日と当日の注意点は！

試験前日と当日の注意点は

　試験前日は、早めに持ち物の準備をして休みましょう。もし、緊張感から眠れない状態になっても、あせることはありません。１日くらい眠れなくても、大丈夫です。そのようなときは、逆に、「合格したら何をしようか」等、楽しいことをイメージしてみましょう。鉛筆や消しゴムは、複数持っていきましょう。また、時間に余裕を持って試験場に到着できるようにしたいものです。

解答するときは

　試験問題50問は、出題順として、「権利関係」から出題されることが続いております。しかし、よほど「権利関係」に自信と実力がある方でなければ、難易度の高い権利関係の問題から解答するよりも、比較的得点しやすい「法令上の制限」から解答し、「宅地建物取引業法」を続いて解答する方法も一つの方法です。

　以前、合格した受験生の方の話で、「権利関係」から始めて、10問解いたところで１時間経過してしまい、大変あせった、という体験談をいただきました。事前に模擬問題を２時間の時間を計って解答する練習をすることで、時間配分を確認し、得意とする解答順を把握しておくことが大切です。

実践アドバイス
マークシートはキレイに塗らないと、OUT！
それと、「法令上の制限」から解答するなどの方法をとる場合は、塗り間違いなど、マークミスに十分に注意してください。

33 受験当日の必勝の技!

受験当日の必勝の技……「法令上の制限」科目から解答を始めましょう。ただし、マーク転記ミスには注意しましょう。

試験当日のウラ技集

さあいよいよ本試験当日です。本試験当日は、きっと緊張することでしょう。しかし、弱気になることはありません！　きちんと本試験に向けて学習してきたということであれば、適度な緊張感は、むしろプラスに働きます。十分に過去問題を演習してきた実力を発揮することができるはずです。

試験会場の下見は、会場に迷惑がかかるので、してはいけないことになっておりますが、慣れていない場所にある会場であれば、事前に交通手段やかかる時間などは、確認をしておいたほうが良いでしょう。当日にあわてなくてすみます。天候や交通トラブルなど、不測の事態に関しては、落ち着いて対応ができるように、所持金は多めに持っていったほうが良いでしょう（タクシーを使うかもしれないので）。とにかく受験場所にはたどり着きましょう。

筆記用具は使い慣れたものを持っていくのは当然といたしまして、意外と心配なのが消しゴムの紛失です。消しゴムは２つ持っていったほうが良いでしょう。試験会場で、知っている人にあっても、挨拶程度で済ませましょう。集中力を静かに高めていってください。

試験会場に着くまでは、頭のなかで自分の落ち着く、若しくはテンションが上がるようなテーマ曲を思い浮かべながら歩いていっても良いでしょう。試験会場への入場曲というわけです♪

試験会場に近づきますと、大手資格予備校等が解答速報会などの案内パンフレットを配布していることがあります。わずらわしいと思わずになるべくもらうようにしてください。この手のパンフレットには、試験の前に役立つ情報が掲載されていることが多いのです。たとえば、**統計**

2

宅建士試験　目指せ合格！（実践！合格術）

問題の資料や、科目「法令上の制限」に出てくる暗記数字など、試験の本当に直前に見ておいたほうが良い情報や、忘れてしまいやすい情報が出ていることが多いですので、役立ててください。特に、統計情報は、覚えていたかどうか・知っていたかどうかということだけで１点取れるかどうかというだけの科目ですので、取りこぼしのないように！

　本試験に臨んでは、頭がスッキリしているうちに、「法令上の制限」の科目から処理してしまいましょう。法令上の制限の科目は、メカニカルで、覚えていたかどうかということが得点できるかどうかになっています。それだけに、暗記している事項が記憶から飛んでしまう前に、問題を解いていってしまいましょう。試験の前は、ぎりぎりまで、自分が使用してきたテキストや参考書を見ておくと思いますが、そのタイミングで、見ておくことというと、「法令上の制限」の暗記数字とか、統計数字を最後に見ておくことが多いはずです。これらの科目を後回しにして、大事な暗記数字を忘れてしまっては、もったいないですね。また、法令上の制限科目は、権利関係のような“判例問題”“長文問題”、宅建業法のような“組合せ問題”“個数問題”の出題される割合も低いので、解答作業のペース作りを行うためにも、真っ先に解答してしまいましょう。

　２番目は、宅建業法です。権利関係は、後回しです。権利関係の問題で、試験の序盤に頭を悩ませすぎてしまいますと、危険です。また、法令上の制限〜宅建業法のリレーで問題を処理したほうが、問題の処理数も稼げますので、あせらずに済みます。やはり、「重要事項の説明事項」とか、「37条書面の記載事項」とか、覚えておく事項もあったはずですし、何しろ20問の出題数につき、９割がたの得点が欲しい科目です。“組合せ問題”“個数問題”の難もありますが、早めに手をつけて解答してしまいたい科目といえます。

　その後で権利関係に進んでください。ただし、解答番号のマークミスには注意しましょう。

あれぇ〜解答書き直そうかな、どうしよう……

　解答の書き直しは、本当に慎重に行ってください。原則といたしまし

て、解答番号の書き直しは、よほど根拠のある場合、自信のある場合だけにしておいたほうが無難です。体験的に、書き直した解答番号のほうが間違えていた、ということが結構多いものなのです。いったん決めた解答の書き直しは、あまりオススメできません。"最後書き直して失敗した"という話が、驚くほど多いのです。

> **ウラ技　マークシートを塗る練習も**
> 　さて、宅建士試験の解答方法は、4肢択一式試験の50問マークシートの形式です。マークシートは、機械が読み取りますので、マークミスは致命的です。できれば、試験前1週間以内に、1日おきに模擬問題を解答する練習を行うと同時に、実際にマークシートを塗る練習もしておいてください。マークミスで受からないことがあっては大変です。

どうしてもわからない問題があったときのウラ技!

　試験当日は、どうしてもわからない問題対策のために、自らのお気に入り番号を決めておいてください。宅建士試験の解答番号は、当然に1・2・3・4のなかから選ぶのですが、その中で、いざというときのための**番号を決めておく**のです。普通に考えて、4分の1の確率で正解が得られる計算ですが、そのつどあてずっぽうでマークする番号を決めていくよりは、最初から「わからない問題は"3"を塗る」などと決めておいたほうが、正解する確率が高いだろうという考え方です。これは、宅建士試験の解答番号は、50問の中で、1から4番まで、満遍なくちりばめられるように作られています（一度、正解肢の中で"2"が多かったという年もありました）。例年は正解番号はだいたい同じ数にちりばめられています。そこで、私が宅建士試験に似ている試験である「（マンション）管理業務主任者」の受験をしたときに、試した方法がこれなのです。管理業務主任者の試験では、簿記会計関係の出題が当時3問出題されていましたが簿記経理の知識は門外漢でしたので、連続する簿記の出題で、「3、3、3」と塗っておけば、たいていは1つ、あわよくば2つ正解が得られるだろうと考えたのです。結果は1問クリアで問題なく合格できました（これも、ウラ技ですね）。

SECTION 6 試験合格後の大活躍に向けて

34 開業のときのウラ技!　

> **オモテ技** 宅建士の資格は、コスパが高い資格だということはお話しして参りました。その最たるは、独立開業ができる資格であるということでしょう。身につけた知識をもとに、新しいフィールドに進むのもよいかも!

開業のときの必勝の技は?

　宅建士試験に合格しますと、いよいよその使い方について考えるわけですが、今までは、不動産業とは異分野の業務に携わっていたけれど、ぜひ不動産業・宅地建物取引業の世界に飛び込んで活躍してみたいという場合もあるでしょう。

　そうはいっても、何も用意しないで開業したところで、苦戦することは目に見えています。下記の項目を検討することで、開業スタイルを決定していってください。

不動産協会・団体に入会する

　協会・団体によって入会キャンペーンなどを実施していたり、団体によって特徴があります。比較しながら入会先を考えたほうがよいです(全宅連、全日など)。

どんな業種で開業するか?

　受験勉強のときに「宅地建物取引業とは?」を学習したことを思い出してみると、「宅地建物の売買、交換、売買の媒介・代理、交換の媒介・代理、賃貸の媒介・代理」ということでしたね。「不動産業」といっても

幅広くさまざまな業種があります。しかし、土地が右肩上がりで値上がりしていったバブルの時代ならともかく、いきなり売買関係をメインの業務にするよりは、賃貸住宅の大家さんと借りる人を仲介する賃貸仲介の業務をメインにしていくほうが業界に入りやすいといえるでしょう。

業務を広げていく

賃貸仲介関係の業務と併行して、自ら貸借（アパート経営等）を商売として始めてみる人も多いです（経営基盤を固めるため）。

関連業者様との連携

賃貸仲介関係の業務だけでなく、不動産業は、リフォーム業者や電気工事関係の業者とも連携が必要な場面が多々あるので、関連業者様とのネットワークを広げていくことも、お客さんからの信頼を得るためにも大切です。

あらゆるところで人と知り合いになる

親せき・知人はもちろんのこと、不動産を所有している人、あるいは購入したいと思っている人はいないですか？「不動産はモノを売るんではなくヒトを売る」ともいわれています。同窓会や自治会、同業者との会合などにも積極的に参加して、顔を広げていくことも重要な仕事です。周りの人たちの信頼を得て、管理業務や税務や相続など不動産に関するコンサルティングをすることが、本当の不動産のプロフェッショナルだといえるでしょう。

士業の先生方との連携

弁護士、司法書士、税理士、不動産鑑定士などの法律関係の士業の先生とは、不動産に関するコンサルティングを行ううえでは、重要な関係になってきます。お客様からの、経営上の相談そのほかの相談ができるような"外部ブレーン"を持つことも大切です。関連業者と同様、大げさに考える必要はありません。業務関連の研修会や講習会に出席して、

名刺交換から始めましょう。

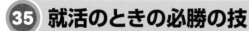

㉟ 就活のときの必勝の技

　就活のときの必殺技〜就職先は不動産業界だけではアリマセン！　金融機関、ゼネコンのほか、宅建受験の専門学校、独立開業などなど……

　宅建士の試験に合格したら、資格を"モッタイナイ"にしないためにも、その活用方法について大いに考えて活かしていくべきです。オーソドックスに考えれば、「宅建士へのステップ」（第1章の005ページ参照）の項でも見ましたように、宅建士試験合格→宅建士登録→宅建士証の交付と進んでいくことで、宅地建物取引士として不動産業・宅建業界で活躍していくことが考えられます。すでに、不動産業界で仕事をされている方であれば、そこで宅建士登録に必要な"実務経験"も積めますので、上記のステップをクリアして、宅建士としてのスタートを速めに切ってください。

　さて、まだ業界デビューしていないという合格者の方の場合は、その他にも下記のような資格の活かし方が待っていますよ〜。

①**金融機関やゼネコン**……銀行や信用金庫などでは、お客様から不動産に関する質問が来たとき即座に対応できなければなりません。また、大手ゼネコンでは、ビル建設や街づくりなど大きなプロジェクトでは、企画・用地買収などに不動産に関する知識が必須です。そのためには宅建士資格が有効です。資格をとってから売り込んでいきましょう。

②**宅建士受験の専門学校**……講師になったり、教室の運営に携わったり、教材作り・作問業務等で活躍できるでしょう。

③**宅建業者として独立開業**……宅建士試験に合格した方であれば、業務開始までの流れや手続関係、業務内容についてもある程度把

握ができているはずです。後は自動車の運転免許や営業のための素養があれば、独立開業も可能です。人に関係することが好きな方は、素養があると見てよいでしょう。

④ **メガ大家になる**……また会社に勤めながら貯金して、投資物件を購入して、不労所得を元にどんどん所有物件を増やしていき、年収数千万円以上の「メガ大家」になることも、宅建で勉強した不動産の知識が生かせます。

ウラ技

すぐに宅建士になる予定が無くても、宅建士登録までは、済ませておきましょう！

宅建業に従事していなくても、"登録実務講習"を受講して修了することで、実務経験2年以上に代えて登録要件を満たすことができます。登録は一生有効ですし、いつ何時、宅建士証が必要になるかわかりません。必要なときに焦らなくて済むように、登録までは済ましておくことがお薦めです！

Chapter 3

主要3科目の誌上Lesson

お手持ちのテキストを読んでいるときに、
「これって何のこと?」ってつまずいてしまったら、
こちらの「誌上講義」を見てください。
きっと、役立つヒントが詰まっていますよ♪

（本章執筆アシスタント：中神エマ）

1 「宅建業法」学習のポイント

> **オモテ技** 宅建業法は、宅地建物取引業という商売を行うための "営業法" ですが、その柱として、消費者を十分に保護するという性質が含まれています。学習するときは、その点を常に意識しながら学習をしていくようにしてください。また、宅建業を営むということは、さまざまな契約行為の連続です。そのため、契約にまつわる一般法である民法に対する特別法の意味も持つということは、この本で繰り返し述べてきたとおりですが、こちらの性質についても、併せて考えながら学習をしていくようにしてください。 **注意！**

　宅建士試験の出題問題数全50問中、民法その他の権利関係科目は14問、宅建業法は20問を占めていることは申し上げました。各科目の出題の元になる各法律は限られております。権利関係の科目のなかで、民法の出題の根拠となります民法典は、全部で1050条もの条文数から構成されています。つまり、出題ネタには事欠かないということですね。もちろん、宅建士になるための試験ですので、宅建士の業務に関係の深い箇所（契約関係、物権債権関係等は関係が深いが、親族法は限定される）が中心になって出題されるのですが、結局は受験者を選別する（ふるいにかける）試験ですので、落とすための問題を混ぜようと思えば、「判例などを含めた難度の高い問題」を作ったり、「あまり過去問で出てこない項目をネタにした問題（平成16年出題の "組合契約" を扱った問題等）」を作ればよいわけです。結果として、それまで出ていなかったネタでも、その後繰り返して出題されることによって、ポピュラーな出題ネタになる場合もあります（民法の不法行為の問題等）。

　しかし、宅建業法は、もともと条文数が民法に比べるととても少ないので、その材料で問題を作り、しかも20問作らなければならないことになりますと、ほとんど全体の箇所から問題として出題されるということになります。つまり、ネタに事欠くということになるのです。

そのため、難度を上げるための策として、**個数問題**や**組合せ問題**を多く採用してきたということです。

　宅建業法の出題対策としましては、このようにもともと出題ネタが限られている分野ですので、過去問題をさかのぼるにしても、10年前くらいまでさかのぼってみますと、十分に過去問題対策ができるといって良いでしょう。

2 宅建業法上の用語の定義

宅建業法上の用語の定義とは

　北○道の原野を原野のままで売っても、宅建業法の適用はなく免許もいりません。どうしてかな？　原野は、"宅地"ではないからです。じゃあ、宅地ってどんなもの？　というところから、始まります！

◎宅地とは

　宅建業法で定義される宅地とは、

①建物の敷地・建物を建てる目的で取り引きされる土地および、

②都市計画法上の用途地域内の土地（現に道路、公園、河川、水路、広場として使用されている土地を除きます）

をいいます。地目の種類は問いません。

　①の基準は、全国的な基準ということになりますし、②の基準は、用途地域内の土地ということになります。難しいのは、用途地域内の公園内の建物（休憩所など）の敷地については、宅地なのかどうか、というようなことが問題になりますが、②のカッコ内の除外規定に当たりますので、宅地には該当しないということになります。

　また、「市街化調整区域内の農業用の倉庫の敷地は宅地なのかどうか」というようなことを考えますと、用途地域外の建物の敷地に使用されている土地ですので、宅地なのだと判断できます。「法令上の制限」の科目を学習する前ですと、"市街化調整区域"や"用途地域"といった語句は馴染みが薄いかとは思いますが、定義として覚えておいて、後でくわしく科目ごとにリンクさせて理解していきましょう。

　宅地といっても、法律ごとに定義がいろいろあります。試験では宅建業法上の宅地の定義が一番重要ですが、そのほか、「宅地造成等規制法上の宅地の定義」や「土地区画整理法上の宅地の定義」等もありますので、比較してみるとおもしろいですヨ♪。

◎宅地建物取引業とは

　宅地または建物につき、「**売買または交換**」「**売買または交換または貸借の媒介・代理**」を業として行うことをいいます。

　「業として行う」とは、自らまたは宅建業者を介して、**不特定多数の相手方に対して、反復継続して営業活動を行うこと**をいいます。業については、その対象および、反復性は問われますが、営利性は問われません。

　自己所有の物件を、不特定多数の者に対して反復継続して**賃貸**しても、宅地建物取引業には当たりません。近ごろ多く行われているサブリース業（管理会社が賃貸物件を借り上げて転貸する事業）でも、宅建の免許は不要です。

◎宅地建物取引業者（宅建業者）とは

　宅建業の免許を受けて、宅建業を営む者を、「宅地建物取引業者（宅建業者）」といいます。免許を受けていないと、宅建業を営んでも、宅建業者とは呼ばれませんし、"無免許営業"で摘発されることにもなります！

宅建業の免許の基準

宅建業の免許の基準とは

　業者免許の基準については頻出事項ですので、しっかりと整理して覚えておくことが大切です。

　高額の不動産の取引を扱うという業務の性質もあり、宅建業者の免許基準は厳しいものとなっています。しかし、宅建士になるときのような試験はありません。ズバリ「信用調査」であるということですね。

　免許欠格事由としまして、「破産者で復権を得ていない者」は、免許を受けることはできません。成年者と同一の行為能力を有しない**未成年者**（婚姻していない、普通の未成年者であるということ）の場合は、免許を受けることはできますが、そのときに**法定代理人**（親など）が審査されます。たとえば、宅建業法違反をして免許取消処分を受けた業者が、自分の未成年者である子どもの名義で免許を申請しようとするような違法行為を禁じているのです。

　「不正の手段で免許を受けた」「業務停止事由にあたり、情状が重い」「業務停止処分違反」（3つの重大違反）で免許取消となり、その取消の日から5年を経過していない者は、免許されません。営業主が法人である場合、免許取消に係る聴聞の期日および場所の公示の日前60日以内にその法人の役員であった者で、取消の日より5年を経過しない者は、免許されません。"禊の期間"と覚えましょう。

　免許取消処分の聴聞の日の公示がなされた後で、相当の理由がなく廃業の届出をして、届出日から5年を経過しない者は、免許されません。緊急脱出は認めないのです。このケースで法人である場合は、聴聞の公示日より遡って60日以内に役員だった者で、届出日から5年を経過しない者は、免許されません。

　禁錮以上の刑、宅建業法上等一定の法律に違反しての罰金刑、暴力行

為などの刑を受けて、刑の執行後5年を経過しない者は、免許されません。このケースで法人である場合は、そのような者が役員、政令で定める使用人の中にいる場合は、その法人には、免許されません。

　また、「暴力団員である者」「暴力団員でなくなってから、5年を経過していない者」は、免許されません。これまた法人においては、そのような者が役員、政令で定める使用人の中にいる場合は、その法人には、免許されません。

　その他、「免許の申請前5年以内に宅建業に関して不正または著しく不当な行為をした者」「宅建業に関して不正または不誠実な行為をするおそれが明らかな者」「心身の故障により宅建業を適正に営むことができない者 法改正 」も、免許ＮＧです！

4 宅地建物取引士

宅地建物取引士とは

　宅地建物取引士(以下略して「宅建士」とします)にしかできない業務が法律的に３つあります。

> 不動産取引 (宅地建物取引) に関する、
> 「重要事項の説明」
> 「重要事項説明書への記名押印」
> 「37条書面 (契約書面) への記名押印」

　だから、宅建士の資格の価値は高いのです♪　早速、宅建士の制度について学んでいきましょう。

　宅建業者は、その事務所等においては、宅建士を設置しなければなりません。不動産取引の重要な事項については、宅建士が説明します。専門的な知識を持つ宅建士が説明することで、取引の安全を図っているのです。

　宅建業者の事務所では、業務に従事する社員の５人に１人以上の割合で、専任 (常勤) の宅建士を置く必要があります。また、事務所以外でも、一定の場所で契約の申込みを受けるという場合には、１人以上の専任の宅建士を置きます。

　専任の宅建士が不足した場合には、２週間以内に必要な措置 (新たに設置する等) を施します。

　宅建士の試験に合格しても、宅建士になるための登録ができない者はどのような人でしょうか。

> ・営業に関して成年者と同一の行為能力を有しない未成年者
> ・破産者で復権 (免責のこと) を得ない者

- 宅建士として事務違反（重いもの）をして登録を消除され、その処分の日から5年を経過しない者。この処分を待たずに、聴聞の公示の日より後に自ら登録消除の申請をし、その消除の日から5年を経過しない者
- 宅建士の事務の禁止処分を受け、その間にもう一度登録をしようとする場合
- 禁錮刑以上の刑または一定の法律に違反して罰金刑を受けて、刑の執行後5年を経過しない者。
- 宅建業者免許を取り消されて、5年を経過しない者（宅建士としても、すぐには活躍できませんよということ）。
- 心身の故障により宅建士の事務を適正に行うことができない者

法改正

　「宅建士の登録の欠格事由」につきましては、「宅建免許の欠格事由」に似ていますので、**両方を比較しながら**覚えていきましょう。似ているだけに、違う部分には気をつけて暗記しましょう。

◎宅地建物取引士証（宅建士証）

　試験に合格して登録しても、それだけでは宅建士ではアリマセン。登録した都道府県知事に申請して、**宅建士証を交付**されて初めて宅建士となります。

　宅建士に法定された3つの"独占業務"を行うためには、宅建士証なしには行えません（重要事項の説明時に提示しなければならないため）。また、宅建士証の有効期間は5年（更新可）です。**登録自体は一生有効**であることと、区別して覚えておきましょう。

5 営業保証金と保証協会

営業保証金・保証協会とは

　ここでのテーマは、「営業保証金・保証協会」に関してのお話となります。

　不動産取引は、１件当たりの取引額も高額であり、それだけ責任も重いので、営業保証金の制度は、宅建業者になるために、一定の金額が用意できるかどうかを試している制度であるともいえそうです。

◎営業保証金

　営業保証金とは、宅建業の営業上の取引による債務の支払いを担保することを目的とした保証金で、営業の開始にあたって供託所に供託される金銭など（金銭・一定の有価証券）のことをいいます。お客さんに対する、いざというときのための保証となる金銭なのです。

　宅建業者は、主たる事務所の最寄りの供託所に、営業保証金を供託し、「供託しましたよ」という届出を免許権者にしませんと、業務を開始することができません。ですので、営業保証金は、宅建業の信頼性をも担保しているといえます。お金が用意できなければ、ここでアウト！　ということになりますからね♪

　そして、営業保証金の額は、政令で定められています。金額ですが、主たる事務所（本店）につき1,000万円、従たる事務所（支店）１箇所につき500万円ずつ必要なのです。

　営業保証金は、免許を受けた後速やかに供託することが望ましいとされており（ヤル気を問われているということですね）、免許権者の大臣または知事は、その免許をした日から３月以内に業者が営業保証金の供託をした旨の届出をしないときは、催告をしなければならず、この催告が到達した日から１月以内に届出をしない者については、その免許を取り消すことができます。この取消は、免許権者にとって、任意であるこ

とに注意してください（絶対に取り消されるわけではないのです）。また、この場合の取消についての聴聞は、必要とされていません。

宅建業に関係する**取引上の損害**でないと、営業保証金からの還付は認められません。業者に対する銀行の貸付金や、広告会社の広告費などは含まれません。

また、宅建業者は営業保証金からの還付は受けることができません。他の宅建業者と仕事をして損害を被ったとしても、営業保証金からの還付はナシ！　という取扱いです。プロ同士ですからね。

◎保証協会（宅地建物取引業保証協会）

営業保証金は、かなり高額ダナ～と思いませんでしたか？　そこで、一般の保険のシステムのように、少額の負担で大きな保証を得られるとうれしいですね。保証協会は、宅建業法に基づく法人で、少ない金額（**弁済業務保証金分担金**）を納付することで、営業保証金のようにイザというときに保証をしてくれる仕組み（**弁済業務保証金**）を実現してくれます。保証協会には宅建業者だけが加入できるのです。

保証協会は、営業保証金制度の代替的制度を担っているともいえますね（上記のように、より少ない資金で開業準備ができます）。併せて宅建業者の社会的信用を高める業務を行うことが目的となっているのです。

6 「媒介契約、重要事項説明、37条書面」

3つの書面とは

さてここでは、書面関係3種類につきまして、学習をしましょう。

これから学習する書面関係3種類（媒介契約書面、重要事項説明書、37条書面）は、宅建士試験上非常に大切な項目となります。例年とても出題されやすい部分です。

◎媒介契約（媒介契約書）

まずは、媒介契約についてです。媒介とは、物件の売主と買主、あるいは貸主と借主といった人たちの仲介を行うことをいいます。宅建業者は、宅地または建物の売買または交換の媒介の契約を締結したときは、遅滞なく一定の事項を記載した書面を作成して、記名押印のうえ依頼者に対して書面を交付する必要があります。ここでの注意点ですが、媒介契約書に記名押印するのは、宅建士の事務ではありません！（宅建業者の義務なのです）

媒介契約には、一般の媒介契約と専任の媒介契約があります。専任媒介契約を宅建業者と結びますと、他の業者に二重に依頼することはできません。

◎重要事項説明（重要事項説明書）

次は、重要事項の説明義務についてです。不動産取引の媒介をするときには、物件の買主や借主に対して、宅建業者は宅建士を使って物件のくわしい説明をさせなければなりません（取引の買主や借主が宅建業者である場合は、説明は省略できます）。説明は、契約締結前に行うこととされています。いわば商品の説明ということですので、契約前に行って、相手は取引を行うかどうかを判断するということです（契約の後で商品説明をされても、困ると覚えるのです）。また、売買契約の場合で

あれば、買主に対して説明して交付すれば良いということですね（売る
ほうは、どんな物件なのか、わかっているためです）。

◎37条書面（契約締結書面・契約書）

　最後は、37条書面交付の義務に関してです。取引の契約の媒介をしま
すと、その契約内容に間違いのないように、一定の事項を書面に記載し
て、契約の両当事者に対して交付することになっています。ようするに、
契約書のことだと理解してください。よって、契約の後で交付すること
になりますし、契約書だから、双方に交付する（売買契約ならば、売主
と買主双方に交付）ことになります。記載事項は、先ほどの「重要事項
説明書」の記載事項に似ていますので、お持ちのテキストを見ながら、
両方を比較して覚えていくようにしてください。

◎3つの書面関係、省略できることは？省略できないことは？

　上記の書面関係の規定、省略できることも結構あり、そこがまた、試
験に出やすい項目なのです。

オボエテ！

- 貸借の媒介や代理をするときは、媒介（代理）契約書の作成と交
  付は省略できる。貸借は件数が多い割に、動く金額が高額でない
  ため。
- 取引の相手が宅建業者である場合は、重要事項の説明は省略でき
  るが、説明書の交付は省略できない。「プロなんだから、自分で
  見ればわかるでしょ」ということ。
- 37条書面は"契約書"なので、当事者が「いらないわ！」といって
  も、宅建業者は作成して交付しなければならない。

7 宅建業者が自ら売主となる 場合の制限（8種）

8種制限とは

　宅建業者が自ら売主となり、一般の方（業者でない方）を相手方として土地建物の売買契約を締結する場合に、宅建業者のほうに、さまざまな制限がなされます。業者はプロ、相手方はシロウトという関係でのシチュエーションでは、プロである業者の側にハンディをつけることで取引の公平性を図っているというわけです。

　ここでは8種制限の項目のなかで3つ例をあげます。

◎自己の所有に属しない物件の売買契約締結の禁止

　宅建業者は，自己の所有に属していない物件（他人に所有権がある物件や、未完成の物件など）を扱って売買契約を結ぶことは、原則としてできません。民法では、物を売ってから仕入れれば良いということで、他人の物を売ってしまうということもできるのですが、宅建業法では、ちゃんと仕入れてから（予約でも良いから）売りなさいということになっています。もしも仕入れられなくなったらどうするの！　という考え方なのです。

◎クーリング・オフ制度

　宅建業者の事務所等以外の場所で、物件の買い受けの申し込みをした買主は、原則としてクーリング・オフができることの告知を書面で受けた日から起算して8日間以内であれば，その申し込みを書面により撤回することができます。条文上「撤回」ということですが、効果は「取消」の効果（さかのぼってなかったことになります）が発生します。適用の判断についてですが、買い受けの申し込みをした場所が事務所等以外の場所であれば、クーリング・オフできます。事務所等で買い受けの申し込みを行って、後日事務所等以外の場所で契約した場合は、クーリング・

オフはできませんので注意してください。

◎損害賠償予定額等の制限

業者は，買主との間で損害賠償予定額・違約金の額を契約上決めておく場合には、その額が売買代金の2割を超えてはいけません。超えた定めをしても、超えた部分については無効になってしまいます。

◎その他の制限と、学習上の注意点

その他、「手付金の額の制限」「契約の内容に適合しない場合の売主の担保責任の特約の制限」「手付金等保全措置」「所有権留保等の禁止」「割賦販売の場合の契約解除の制限」があります。

これらはよく出題されるポイントでもあります。お使いの基本テキストと過去問題集で、よく見ておくべき箇所ですヨ。

> **オモテ技** 学習上の注意点は、その"シチュエーション"です。「宅建業者が売主で、買主が非業者」のときに適用される制限です。問題を解くときは、その文中でシチュエーションの確認を必ず行ってください。「宅建業者Aが売主で、宅建業者Bが買主となって土地建物の売買契約を……」というような、ヒッカケに十分気をつけるようにしましょう。

8 報酬額の制限

報酬額の制限とは

宅建業者は、取引の依頼を受けて契約をまとめると、依頼者に対して報酬を請求できます。報酬は、無制限に請求できるものではありません。上限があります。

売買の場合の計算方法（試験では、下記の**速算法**で処理しましょう）は、以下のとおりです（消費税込み）。

- 取引額が200万円以下の場合は、取引額× 5 ％ ×1.1
- 取引額が200万円を超えて400万円以下の場合は、（取引額× 4 ％ ＋ 2 万円）×1.1
- 取引額が400万円超の場合は、（取引額× 3 ％ ＋ 6 万円）×1.1

上記の計算方法で算出された額が、売買の媒介契約の場合で片方の依頼者から受領できる最高額です。

取引の依頼を受けた一方のお客さんからいくら報酬をもらえるかという計算式では、たとえば売主Ａと買主Ｂ間の、本体価格1,000万円の建物売買契約を媒介したとしますと、取引価格が400万円超ということで、取引価格の1,000万円に 3 ％をかけて、 6 万円をプラスするという速算式が使えます。そうしますと、ＣがＡＢそれぞれからもらえる報酬額の上限は、36万円ということになります。

ここで、Ｃが課税業者である場合は、消費税分10％を上乗せできますので、36万円×110％で、合計396,000円もらえます。Ｃが免税業者である場合は、消費税分 4 ％を上乗せできますので、36万円×104％で、合計374,400円もらえます。この順番で計算する方法が宜しいかと思います（宅建業者が受領することのできる報酬額につきましては、免税業

者であっても、**みなし仕入れ率**として４％の消費税分を受領できることになっているのです）。

　賃貸契約の場合は、消費税課税業者の場合は、賃貸料の１月分の金額に消費税を加えた額が受領できる報酬額の上限となります。

　報酬計算には、代理の場合などこのほかにもいくつかのパターンがあります。計算問題が出題されることがありますから、過去問題等にあたって、速算法をもって、計算練習に努めましょう。

　また、400万円以下の取引額における**空き家等**の売買・交換の媒介等については、現地調査費用等を上乗せして売主である依頼者から報酬額を受け取ることのできる制度があります（上限額等の制限があります）。あまり報酬額が低い場合、「せっかく頑張って媒介したのに割に合わない」と思ってしまいますから、そういったことのないような仕組みにしているのです。

「民法」学習のポイント

権利関係では、ためしに授業を聴いてみることもおススメです

　権利関係の民法については、理論的で難解であるため、講師の授業を受けることで系統立てて勉強することが理解への早道です。権利関係、とくにその中の民法につきましては、法律の考え方が理論的な面が強く、自己流で学習を進めますと、場合によっては基本から間違えて覚えてしまう危険もあるということなのです。

　それでは、権利関係、民法を中心に、実際に講義を受けてみようかと考えた場合に、何か重要なことはあるでしょうか。それは、講師の先生の経歴です。実際に民法の学習（「研究」と言ってもよいかもしれません）というのは、「底なし」です。宅建士講座のカリキュラム内での学習時間数では、本来は到底まかなえるものではないのですが、受験生の目的は、宅建士試験になるべく効率よく合格するということなのですから、それでいいわけです。宅建士試験に"出るところだけ、出る型を"マスターすればよいのです。しかし、それを先導する講師が、法律の分野でどのくらい深く研さんを積んでいるのかが重要なのです。

　講師にはこの意味で、大きく分けていくつかのタイプに分かれます。

- もともと法学系の学校を出ている。司法試験の勉強をしたことがある。宅建士の試験対策の研究をして、宅建士試験講師をしている。
- もともと法学系の学校を出ている。司法試験の勉強をしたことはないが、宅建士の試験対策の研究をして、宅建士試験講師をしている。
- 他分野出身だが、宅建士試験の傾向と対策を積んで、宅建士試験講師をしている。

　もちろん講師の努力と研さんが重要なのであって、個人個人の実力に色メガネをかけて見るということではないのですが、学生時代に法学に

ついて十分に勉強をしてきたという方は、やはり民法関連の知識は深い
です。受験校選別・カリキュラム選択の際の一助として、講師の先生の
経歴について確認をしておくということも重要です。

 　民法知識に深い先生は、その深さを理解したうえで、宅建士試
　験に関しては「ここまで勉強しておきましょう。これ以上は必
要ナイデスヨ」等の仕分けを講義の中で行ってくれるので、信頼性が高
いといえるのです。

代理制度から勉強を始めてみましょう!

 　権利関係は、まず「代理」の項目から学習を始めてみましょう。
　宅建の受験テキストを順番どおりに学習していきますと、権利
関係であれば、民法総則の「制限行為能力者制度」から記述がなされて
いる場合が多いでしょう。そのため、順番に学習をしていくこととなり
ますが、初めて法律の勉強をするような場合は、「制限行為能力者制度(未
成年者他)」→「意思表示(詐欺や強迫等)」→「代理(無権代理、表見代
理他)」……と進んでいくようになります。この場合、意思表示の項目
くらいで、飽きてしまう場合も多いのです。「制限行為能力者制度」だけ
にとてもくわしい方がいらっしゃるのがそういうケースでしょう。そこ
でオススメなのが、「代理制度」の項目から始めるというウラ技です。「代
理制度」の項目では、「Aの代理人Bが、相手方Cと行ったA所有の宅地
の売買契約(法律行為)の効果は、代理人Bに生じるのではなく、本人
であるAに対して直接生じる。」というような事例で学習をしていきま
す。そこで、

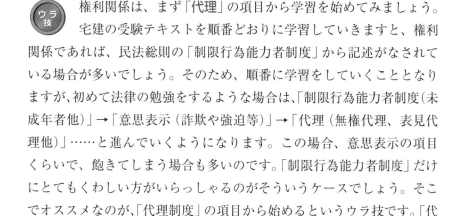

オモシロイ!

・ 最初から契約関係で複数の人物が出てくる割には、ABCそれぞ
　れの役割がはっきりしていてわかりやすい。また、法律上の効果
　が本人に直接生じるという部分に、法律の面白さと仕組みの巧妙
　さを感じることができる。

・ 事例を図に書いて学習する必要があるので、図示する良いクセが
　つく。

- 関連項目がたくさん出てくるので知識を広げやすい（代理人が未成年者だった場合、代理人が詐欺または強迫にあった場合、無権代理人が本人を相続した場合等）。

　関連項目がオールキャストで出てきますので、この「代理制度」を理解しますと、結構知識が派生していきます。法律の仕組みをひとつマスターすると、法的な考え方が頭に入りますので、一事が万事、どんどん理解が進んでいくものなのです。

10 意思表示

意思表示とは

意思表示とは、心の中（内心）で思っていることを、相手に示して伝えることです。契約するにあたっては、まず相手に自分の意思を伝えることが必要です。でも、内心の意思と相手への表示が食い違っていることもあり得るのです。以下、見ていきましょう。

◎心裡留保

意思表示のうちで、心裡留保とは、"じょうだん"ということです。冗談で、「自分の所有している土地を、安く売りますよ。」と、相手に伝えたとして、相手が本気に捉えてしまったというような場合です。このような契約は原則有効、相手方が悪意または有過失であれば無効です。

─ 法令用語 ─
・善意　ある事実を知らないこと。
・悪意　ある事実を知っていること。
（道徳上の善悪の概念は、ここでは関係ありません。いい人悪い人、ということではないのですね！）

◎通謀虚偽表示

通謀虚偽表示とは、相手と示し合わせた、仮装の契約行為のことなのです。

例をあげてみましょう。ある土地を所有しているAが、Bから多額の借金をしている場合に、その土地以外にどうにも、もはや目立った財産がないという場合、Bがこの土地に目を付けてしまってはタ～イヘン！

と感じたAが、財産隠しで仲間のCに架空の売買契約を持ちかけて、その土地をC名義に移転させて、Bに対してトボケようとしたとします。ほとぼりが冷めたころ、AはCから土地を返してもらえばよいよね、というわけです。このような契約は、そもそも無効ですが、そこは悪巧み

をしたＡの仲間であるＣなので油断はなりません。Ｃは、自分にその土地の名義があることを良いことに、何にも知らない善意のＤに、その土地を売却して逃げてしまいました。青くなったのはＡです。さて、Ａは、ＡＣ間の契約の無効をＤに主張して、土地を返してもらえるでしょうか？

　答は、×、ダメです！　どう比べても、悪いことを考えたＡよりも、善意のＤを保護するのは当たり前のことです。ＡはＤに、土地を返してとは主張できません。

　それでは、その第三者（Ｄ）が悪意だった場合はどうでしょうか。ＡＣ間の土地売買契約が無効であることを知っていて取引に入ってきた、ということですね。この場合は、その第三者Ｄは全然かわいそうではありませんので、保護されません。

◎錯誤 [法改正]

　錯誤（さくご）とは、ズバリ**勘違い**のことです。人間だったら誰でも勘違いをするということはありますし、わざと勘違いをするというとはありませんので、契約の際に錯誤による意思表示をした場合は、その錯誤が契約上重要なものであるときは、その意思表示を**取り消す**ことができるのです。その錯誤が、

　①意思表示に対応する意思を欠いた錯誤だったり、

　②表意者が法律行為の基礎として表示していた事情が真実に反する錯誤である場合に、

　契約を取り消すことができます。ですが、意思表示の表意者に重大な過失があって錯誤の意思表示を行ったという場合は、錯誤を理由に契約を取り消すことはできません。取り消せる場合は、よく考えて取り消すかどうか決められるということです。

11 代理制度

代理とは

　AとBが法律行為（契約）を行いました。その効果は、AとBにおいて生じます。これは、当たり前の話です。また、AとCが法律行為（契約）を行いました。その効果は、AとCにおいて生じます。これも、当たり前の話です。では、AがBの代理人として、Cと法律行為（契約）を行いました。この場合、契約の効果は、誰にどのように生じるのでしょうか。

　この場合は、契約の効果は、Aが実際にCとの間で契約行為を行っているのですが、契約の効果は、BとCの間で生じるのです。ドウシテ？

　Aは、Bの代理人として、Cと契約をしたからなのです。

　AがBの代理人として有効にCと契約するための要件ですが、けっこう当たり前のことなのですが、Aが「私はBさんの代理人として契約に来ました」と名乗ることです。これを「顕名」といいます。顕名をしませんと、当然ですがA自身が契約をするのよねと、Cは思ってしまいますので、契約の効果も、AC間で発生するということになるのです。

　上記の例では、Bは契約の本人、Aは代理人、Cは契約の相手方という位置づけになります。代理人が顕名をして相手方と契約すると、その契約の効果は直接本人に生じます。これが代理制度の重要な部分です。

　制限行為能力者が行った代理行為は、その能力の制限によって取り消すということはできません。 法改正

　代理の効果は、直接本人に生じるということでした。そのため、本人が納得づくで、それでよいのであれば、未成年者を代理人にすることも可能です。未成年者は、「制限行為能力者制度」により法的に保護されていることは、皆様基本テキストなどでご承知のとおりです。単独で行っ

権利関係

た不利な契約は、取り消せるのでしたね。しかし、代理人である未成年者がその代理権に基づいて本人のために行った契約については、未成年者であることを理由に取り消すことはできません。そもそも、代理人として締結した契約については、その効果は直接本人に対して生じるのでした。未成年者である代理人には、効果が及ばないのですから、保護する必要もありません。むしろ、社会経験の少ない未成年者を代理人にした本人がイケナインだ、自業自得ですよ、ということなんですね。

　ただし、制限行為能力者が他の制限行為能力者の法定代理人として行った契約については、取り消すことができます。

◎無権代理とは

　代理権を授与されて、代理権に基づいて、顕名しながら行うからこその代理行為ですが、代理権のないものが代理人として行った法律行為は、どうなるのでしょうか。

　代理権のない者が代理人として行った契約などは、「無権代理行為」として、効力が生じません（無効）。ですが、本人が後から「その契約、頼んでいないのに黙ってしてきたみたいだけど、いいかも！」ということで認めた（追認した）ということであれば、その契約時にさかのぼって有効になります。

　双方代理（売主と買主双方の代理人になるなど）も、原則として無権代理行為になります。売主と買主のどちらか一方をひいきすることはできないからです。 法改正

12 時効

時効とは

①お金を貸して、ほっておくと、10年で「返して！」といっても返してもらえなくなってしまうことがあります。

②他人の土地でも、自分の物として使っていれば、20年で本当に自分の物にすることができます。これらが、時効のシステムです。

　上記の①は「消滅時効」、②は「取得時効」です。それぞれ、頭に入れておいてくださいね。

◎消滅時効 【法改正】

　消滅時効についての重要な知識は、「債権は、債権者が権利を行使することができると知った時から5年間、また権利を行使することができる時から10年間行使しないと、時効によって消滅し、債権または所有権以外の財産権である場合は、20年間行使しないと、時効によって消滅する。」とされていることです。せっかくの権利も、使わないでいると消えてなくなっちゃうワヨということなのです。"現況重視"の考え方であるということなのですね。

　消滅時効を完成させないための方法（時効の完成猶予）としては、裁判上の請求や、催告をすることなどがあります。また、権利の承認により、時効は新たに進行を開始します（時効の更新・リスタート）。

　民法上、10年よりも短い期間で消滅時効にかかる債権であっても、確定判決により確定した権利となれば、その消滅時効期間は確定的に10年とされます。

◎取得時効

　取得時効は、一定期間他人の土地を占有することによって、その土地の所有権を取得するという制度です。たとえば、隣家との境界線を越境

して塀を作って自分の庭として占有・使用していたような場合などです。占有開始の際に「善意無過失」だったかどうかの違いで、取得時効の完成に必要とされる期間が異なってきます。占有を開始した時に、善意無過失で占有を始めたのであれば10年、悪意または善意でも過失があって占有を始めたのなら20年の期間が必要になります。

　また、取得時効の効果は、時効が完成すれば、占有開始時（起算点）から生じます。最初から自分の土地だったことになるという取扱いです。これもまた、“現況重視”の考え方によります。

　所有権以外の権利、建物賃借権なども、時効取得の対象になりますので、過去問その他で確認をしておくようにしましょう。

13 物権の変動

物権の変動とは

物権とは、「物に対する権利」です。所有権のように、物を直接排他独占的に支配するための権利ですので、"物に直接作用する権利" と押さえましょう。他には地上権なども物権です。

ちなみに債権とは、「人に対する権利」「人に契約内容について履行してもらう権利」なのです。比べて覚えましょう。

ここでは、不動産の物権の変動ということで、所有権の移転についてどのような効果が生じるのかを、お話ししていきます。

ある品物について、売主が売りたいという意思表示をして、買主が買いたいという意思表示をすると、それぞれの向かいあった意思が合致しますので、そこで売買契約の成立という法律効果が発生します。

ハンバーガー1個の売買契約も、土地の売買契約も、法律的な効果の発生については同じシステムです。ですが、土地などの不動産の売買契約ともなりますと、たいへん高額の取引になりますので、口約束だけでは、後々のトラブルの基です。そこで、契約書を作ったりするのですが、法律的に見れば契約書作成は付随のものであり、最初の意思表示をした段階で契約は成立していますよと、こういうことになります。

この、土地や建物などを売り買いした場合、所有権の移る時期は、原則として売買契約の意思表示を行った時点となります。たとえばAさんとBさんが建物を売り買いした場合、原則としてその契約の意思表示を行った時点で所有権は移転するわけです。まさに、意思表示により契約は成立するという話です。しかし、そうして所有権が移転したとしても、はた目からはそのことはわかりません。そこで、不動産については、所有権移転などの権利の変動があった場合は、「不動産登記法」という法律に基づいて、登記簿に登記事項を記録し公示（公開）することで、権利

変動を当事者以外の第三者に対抗（主張すること）することができるようになるのです。

　逆に言いますと、取引の当事者の間では、登記をしなくても権利の変動は有効ということです。「債務者A所有の土地に、債権者Bの抵当権を設定する場合、その旨の登記をしなければ、Bは抵当権をAに対抗できない」というような記述が出た場合、この記述は誤り、ということになります。このようなひっかけ問題は、よく出題されます。

◎不動産物権の対抗要件と対抗力～その土地、私のです!と言うためには

　対抗要件とは、何でしょうか。対抗とは、"主張"することです。「自らの権利を主張するための要件」ということで、押さえていきましょう。宅建士試験では、「物権変動の対抗要件」として、土地の所有権移転に絡んで事例問題で出題されることが多々あります。

　A所有の更地を、Bが買いました。はた目には、AとBの間で売買契約が締結され、その更地の所有権がBに移転したということはわかりません。Bが、「この土地は私のものよ！」ということを他人に主張するためには、どのような要件が必要なのでしょうか。

　Bが、Aに対して「この土地は私のものなのよ！」というのであれば、そもそもAはこの更地の売買契約の売主であり当事者なのですから、改めてBが殊更力んで主張しなくても、十分にBは自分の権利（移転した所有権）を主張し得ます。ここで重要な対抗要件とは、AとBとの間の売買契約について**当事者ではない第三者**（たとえば、Aから二重にその更地の譲渡を受けた買主C）に対して、Bがいかにして自分に所有権が移転していることを証明するのかということになります。

　Bが取り得る第三者（C）に対しての対抗要件は、「所有権の移転登記」です。土地に対する「権利の登記」として、登記記録に所有権その他の権利を登記することで、不動産の所有権その他の権利が公示されます。Bは、Aから更地を購入したら、Aに付いている所有権登記を自分の名義に移転登記を行います。そして、売主であるAには、買主であるBに

登記を移すべく協力する義務があります。 法改正

　移転登記を行いませんと、Ｂは二重譲渡を受けた第三者Ｃに対して、自分に所有権が移転したことを主張できません。Ａが悪い人で、ＢとＣそれぞれに売主として二重に売買を行っていたとすると、その決着は、登記の有無によって決せられるのです。また、第三者Ｃから見た場合、Ａから売却の話を持ちかけられた際に、その更地の所有者は誰なんだろう、本当にＡの土地なのかしら、ということが、その更地についての登記記録を確認すればわかるんだ、ということになります（未だＡに登記が残っていたとしたら二重譲渡の場合はＢとＣとの競争になるわけですね）。

　さて、所有権の登記がありませんと、その土地の所有権を第三者に対抗できないということですが、例外的に、登記がなくても対抗できる第三者がいます。実は、この第三者についても、宅建士試験によく出るのです。そのメンバーとしては、

　　①**不法占拠者**
　　②**背信的悪意者**
　　③**無権利者**
　　などがいるのです。

所上LESSON 14 所有権に基づく相隣関係

相隣関係とは

土地というものは、当たり前の話ですが正に"地続き"です。お隣同士では、お互いに譲るところは譲ってやっていかなければ、平穏な日常生活は送れません。そのような部分を民法上で面倒を見ている項目が、所有権に基づいた「相隣関係」という規定になります。

◎雨水が流れ込んでキター (°-°)

「隣地から自然に流れてくる水については、受忍（がまん）しなければならない」という規定があります。水は高いところから低いところへと流れますので、その点はガマンしましょうという、当たり前の規定でもあります。でも、あくまで"自然に"というところがポイントです。隣地から流れてくる雨水がイヤだからといって、自分の所有地に盛土をして隣地よりも高くして、逆に雨水が隣地に向けて流れるようにしたりしてはいけません、というところまで押さえておきましょう。

◎隣家の近くに窓を作りたいナ (＾v＾)

「境界から1ｍ未満の距離内にお隣がのぞけてしまうような窓を造ろうとする際には、目隠しを付けなければいけない」など、まあそうだろうな、というようなことも定められています。また、「建物を築造するには、境界線から50センチメートル以上の距離を保たなければならない」という規定もあります。こちらの規定については、建築基準法が"特別法"として適用されることがあります。

◎お隣から木の枝や根っこが伸びてきちゃった

「隣地から境界を越えて伸びてきた竹木の枝は、切るように請求できる」という規定があります。自分で切ってしまってはいけないのですね。

ですが、「隣地から境界を越えて伸びてきた竹木の根は、自ら切ることができる」ということになっているのです。ここは、過去問でも出てきたことのある項目です。

◎公道に出られない土地になっちゃったら(T_T)

袋地のように、他人の土地に囲まれて公道に通じていない土地である場合、その所有者は、公道に出るためにその土地を囲んでいる他人の土地を通行することができます。ただし、通行するにあたっては、他人に迷惑をかけない方法で通行しなければなりません。場合によっては償金を支払う必要が出てくることもあります。

ある土地が分割されたことによって公道に通じない土地ができたという場合は、他の分割者の土地を通って公道に出ることができますし、この場合は償金の支払は不要です。

15 抵当権

抵当権とは

抵当権の出題も、宅建士試験の鉄板・常連です。抵当権は、不動産の占有を移さないで担保に供することができる点が特徴です。債権者と不動産所有者（債務者以外の第三者でもよいのです）の間の合意で成立する約定担保物権です。抵当権設定に際しては、目的物の引渡しを要しません。そして第三者への対抗要件は、登記です。

抵当権の目的物は、民法上は、土地・建物ならびに地上権、永小作権です。これらのものや権利について、抵当権が付けられます。

抵当権の出番として、たとえばお金を借りるときに、自己が所有する土地や建物に債権者のために抵当権を設定して、借金の担保とすることがあります。

抵当権を設定しても、抵当物を抵当権者に引き渡す必要はありません。同じ担保物権である"質権"の場合は、目的物（質物）を質権者に引き渡さなければなりませんが、抵当権の場合は抵当物を抵当権設定者が自分で使用収益することができます。抵当権をつけて住宅ローンを組んで家を建てることはよくありますが、その際、その家に住めるということが抵当権の大きなメリットですよね。

抵当権者は、債務の履行がない場合（貸したお金を返してもらえなくなったとき等）は、抵当権を実行して、抵当物件を競売にかけて、その競売代金から優先的に弁済を受けることができます。

抵当権を設定するケースとしては、自分がお金を借りるという場合だけに限られません。他人の債務に対して、自己所有の土地建物にその債権者の保証のために抵当権を設定するということもあります。これは物上保証というものです。

◎抵当権の4つの特徴

抵当権には、次の4つの特徴があります。

①**付従性**　抵当権は、保証している債務が弁済などで消滅すると、同じように消滅する（残しても意味がナイ！）。

②**随伴性**　抵当物が譲渡されても、保証している債務がある限り、抵当権は抵当物に付いて回る（そのほうが便利！）。

③**不可分性**　保証する債務を完済しないと、抵当権は消えません。「借金を半分は返したから、抵当権を半分にしてね」と言ってもダメ。

④**物上代位性**　抵当権の付いた建物が火災で焼失したような場合、抵当権の効力は、その火災保険金にも及ぶ（差し押さえることが必要）。

◎抵当権のその他の特徴

被担保債権は、金銭債権に限られません（金銭による損害賠償に変わりうる債権であればOKなのです）。

債権の元本のほか、原則として**最後の2年分**の利息・損害金を担保します。

誌上LESSON 16 売買契約

　ここでのテーマは、民法の中の「売買契約」についてです。「契約の成立」については誌上Lesson 13の「物権の変動」の項目とも密接な関係のある部分です。民法上の契約の各種類型（請負契約や賃貸借契約等）とあわせまして、チョット掘り下げてみましょう。

◎売買契約とは

　ここからの誌上Lessonでは、売買契約その他の契約の特徴に関して学んでいきます。

　さて、契約のうちで、「当事者の意思表示だけで成立する契約」を、諾成契約（だくせいけいやく）と呼んでいます。売買契約は、その中でも代表的な契約類型です。売主の売りたいという意思表示と、買主の買いたいという意思表示が合致することで、契約が成立するということでしたね。

　ですので、土地建物を売買取引しようと思ったら、契約をするにあたり、品物（この場合は土地建物になります）を実際に持ってきて引き渡すなどといった行為は、契約の成立のときは原則として不要です。その意思表示だけで事足りるからです。ただし、契約をするうえで特約として、品物の引渡しを契約成立の要件とするなどの取り決めをすることは自由です（契約自由の原則というものです）。

◎諾成契約と要物契約

　売買契約等の諾成契約と異なり、目的物の引渡しをその契約成立の要件とするものを、要物契約（ようぶつけいやく）と呼んでいます。諾成契約には売買契約のほか「賃貸借契約」などがあります。要物契約には「金銭消費貸借契約」「質権設定契約」などがあります。宅建士試験では、諾成契約である「抵当権設定契約」と要物契約である「質権設定契約」の比

較問題が出されるケースなどもありますので、ある程度契約の類型についても興味を持って見ておく必要があります。なお、**使用貸借契約**は、民法の改正によって従来の要物契約から諾成契約となりました。また、後述します"保証契約"についてですが、口頭だけではダメで書面をもって行わなければ効力を生じない契約とされています。

　売買契約での重要なお話ですが、宅建士試験および不動産取引の実務で主役になりますのが「土地建物」といった不動産ですね。不動産は、同じような仕様の建物はありますが、全く同じ不動産というものはひとつしかありません。このような物を「**特定物**」と呼んでいます。通常の商品のように、同じものがたくさんあるものは、基本的に特定物ではありません。ラーメンの出前を運ぶときに、途中でひっくり返してしまったら、すぐに同じものを作ってお届けすれば大丈夫ですが、売買契約の目的物である建物が引渡し前に滅失してしまったりしたら、キホン取り換えができませんので大変なことになります。

◎売買契約とその他の典型契約

　売買契約は、債権関係における代表的な契約の類型として、その規定が賃貸借契約や請負契約等にも準用される部分があります。また、売主が売買の目的物を引き渡すまでは、買主は代金の支払義務を免れる"**同時履行の抗弁権**"などの規定は、請負契約における目的物の引渡しと報酬額の支払債務の関係でも出て参ります。そのため、売買契約を契約関係の基本に据えて、しっかりと学習しておく必要があるというわけです。

◎売買契約についてのその他の出題ポイントと宅建業法との関係

　売買契約の項目では、前に解説しました「物権変動」「登記と対抗要件」のほか、成立の要件（諾成契約であること）や契約の履行に伴う契約不適合責任や債務不履行などにまつわる論点などが出題のポイントになっています。また、前に学習した「**宅地建物取引業法**」でも、民法上の売買契約を原則とした規定（宅建業者が自ら売主になって宅地建物を売却

する際の制限など）がたくさん出てきます。この項目で、売買契約について知識を振り返りながら基本テキストなどで再確認しておくようにしましょう。

17 契約不適合責任

契約不適合責任とは

　売買契約によって売主にはその目的物の品質などについての責任が生じます。すなわち、売った品物に、契約の内容にそぐわないところがあれば、それに対しての責任を負います。これを「契約不適合の場合の売主の担保責任」といいます。代金分に見合った品物を、契約したとおりにきちんと引き渡しなさいということなのです。

◎ 売主の契約不適合責任とは 法改正

　たとえば建物の売買契約を締結しますと、売主にはその建物を引き渡す義務が発生し、買主には代金を支払う義務が発生します。買主は、最終的には契約で定めた代金を全額きっちり支払うのですから、売主側の責務としては、その建物の品質などが契約した内容に適合したきちんとした状態で目的物を引き渡さなければなりません。

　建物の土台が腐っていたとか、シロアリに喰われていたとか、そのような"不適合"があった場合に誰が責任とるの、売主ですね！　というのがこの「売主の契約不適合責任」です。売買の目的物に不適合があったという場合、買主は売主に対して、補修や代替え物の引渡しを求めたり、損害賠償を求めたり、代金減額・契約解除を求めたりできるのです。

　「売主の契約不適合責任」では、民法上、契約上の特約をもって売主の責任を排除することもできます。ですが、売主が知っていて黙っていた（建物の土台が腐っていたことを知っていたけど、買主に黙っていたなど）ような場合までは免責されません。ただし、「土台が腐っていても責任を負いません」と契約で具体的に定め、買主が認めていたのならば、契約内容に適合しているということですので特約は有効です。契約で定めた内容が重視されるのですね。

◎権利行使の期間はどのように？

「契約不適合責任」の責任追及の期間ですが、権利行使できる時から10年以内（消滅時効にかかるため）です。そして、この期間のうちで、買主が契約不適合を知ってから1年以内、これは知ってから起算しますが、契約不適合を知ってから1年以内に売主にそのことを通知してあれば、知ったときから5年以内は契約解除や損害賠償の請求ができます。

その他、引き渡された契約の目的物がその品質、数量、種類について契約内容と適合しない（契約したとおりになっていない）ものであるときは、これは「債務不履行（契約どおりに債務が履行されていない状態）」ということですので、買主は売主に対して追完請求権（目的物を補修してもらったり、代わりのものを引き渡してもらったり、不足した分を引き渡してもらうことを請求できる権利）を有します。また、買主が期間を定めて追完請求を催告したのにその期間内に売主に追完をしてもらえないときは、代金減額を請求できるのです。

◎宅建業法での取り扱い

宅建業法では、宅建業者が自ら売主となって業者以外の方と売買契約を締結するにあたり、民法で定められた不適合責任（売主の担保責任）については「物件の引き渡しから2年以上」の期間を設定して、責任を負えばよいということになっています。宅建業法は民法よりも厳しい規定ばかりですが、ここだけはゆるめられています。

18 手付金

手付とは

　駅近で人気の高い物件などであれば、購入の際の競争率は必然的に高くなります。そんな "早い者勝ち" のような状況では、「手付を打つ」ことで購入予約をしておけば安心できますね。このケースは手付のなかでも「証約手付」という種類のものになります。他には、どのようなものがあるのかナ？　この項目で学びましょう。

◎手付の種類

　手付とは、売買契約において、その性質によって3つの呼び名をもって用いられています。

　①売買契約の予約をしたとき等（証約手付）、

　②あらかじめ手付金を渡しておいて、何か契約上トラブル（債務不履行等）があった場合はその手付金を損害賠償金とする（違約手付）、

　③契約の解除権を留保しておくとき（解約手付）

　とありますが、宅建士試験で特に重要なものは、③の「解約手付」といえるでしょう。

　AとBが、それぞれ売主・買主として、A所有の土地の売買契約を行ったとします。買主のBは、手付金をAに渡しました。その後、Bは都合が悪くなり、すでに交付した手付金を解約手付として用いて、当該売買契約を解除することとしました（手付解除）。この際に、「相手方が、既に契約の履行に着手していた」という場合には、手付金を放棄することによる契約の解除（俗に "手付流し" といいます）は、もはや行うことはできません。契約履行に取りかかっていた相手方に迷惑をかけてしまうからです。ということは、相手が迷惑でなければよいのですから、自分が既に契約の履行に着手していたとしても、相手方がまだである場合には、手付け解除ができるということになります。改正された民法では、

このことが明文化されていますヨ。 法改正

　それでは、売主のAさんが、契約の後で、契約を解除したくなった場合はどうすればよいのでしょうか。この場合は、AはBから受領した手付金の倍額を、Bに渡して契約を解除すればよいのです（**手付倍返し**）。ただしこの際の条件は、やはりBがまだ契約の履行に着手していないことが必要であるということです。そして、この売主からの「手付倍返し」によって契約を解除することについては、手付の倍額を現実に提供して解除を行うものとされています。

　そして、売買契約において授受される手付金は、特別な指定がなければ原則として「**解約手付**」として扱われます。解約することができることを含んだものとして機能するわけです。

19 債務不履行

債務不履行とは

　売買契約が成立しますと、その次はその契約内容に沿った債務の履行が求められます。売主は売ったものを引き渡し、買主は代金を支払うというステップに進むわけですが、それがうまくいかなかったときはどうなってしまうのでしょうか。それが、「債務不履行」のお話です。

◎債務不履行の種類

　債務不履行については、「履行遅滞」と「履行不能」、「不完全履行」というものがあります。

　「履行遅滞」とは、契約で定めた履行の期限が到来しているにもかかわらず、その債務の履行をしない（借りたお金を返済するという債務であれば、期日に返金しないということ）というものです。

　「履行不能」とは、契約成立後に、債務の履行ができなくなった（売ったものを仕入れて納品しようとしたら、問屋さんで完売してしまい、仕入れられなくなってしまったなど）というものです。なお、「原始的不能」（建物を売却する契約を結んだけれど、契約日以前にその建物が類焼で滅失していた場合など）については従来無効とされていたのですが、改正された民法ではその契約も有効となり、損害賠償義務が生じる場合もあるという取扱いになっています。

　「不完全履行」というのは、履行はしたけれど、注文品と違う商品を納品してしまったり、注文数より納品数が少なかった場合など、契約で定められた債務の履行の本旨に基づいてきちんと履行ができたとはいえない状態をいいます。そこで、完全に履行がなされるよう、債権者は債務者に対して追完請求ができるのです。

◎債務不履行があった場合の取り扱いは？

「履行遅滞」と「履行不能」、「不完全履行」をされてしまった債権者側としましては、どのような対処法があるでしょうか。

「履行遅滞」であれば、早く履行するように相手に請求できますし、遅れたことで損害が発生したという場合には、損害賠償請求ができます。また、催告によって契約解除権が発生するので、一定期間を設けて履行をする旨請求して、それでも履行がなされず、その不履行が軽微なものでないのであれば、契約を解除することができます。

「履行不能」の場合はどうでしょうか。この履行不能な状態では、もはや催促しても、意味がありません。たとえば、売買契約の目的となっている建物が、引き渡す前に、売主の寝タバコが理由で焼失してしまったというような場合は、もう建物がないのですから、「早く引き渡してチョーダイ」といくら催促しても、全く意味はないですね。そこで、この場合は、損害賠償請求と、契約の解除で後始末をつけようということになります。契約解除を行うにしても、「履行遅滞」の場合のように、一定期間を設けて履行を催促する必要はありません。待っていても、状況は変わりませんので、即、契約解除ができます。

「不完全履行」の場合は、完全な履行がなされるように、債権者は債務者に対して追完請求できます。

◎具体例で見てみましょう

売買など、契約を結びますと、売主、買主双方につき、それぞれが「債権（権利）」「債務（義務）」を負うことになります。売買契約ということですと、売主は代金をもらうので権利、買主は代金を支払うので義務を負うというイメージですが、逆に、買主は「品物を渡して下さい」という権利を持ちますし、売主には、「品物を引き渡さなければいけない」という義務が同時に発生しているのです。

さて、品物の引き渡しなどの債務を負いますと、その契約の本旨にしたがって、債務の履行をしなければなりません。履行をする、すなわち、売買の場合であれば、売主が品物を引き渡すということになりますが、

その引き渡しがうまくいかない状態、これが「債務不履行」ということになって参ります。

　具体例で見ていきましょう。「9月1日の昼12時までに、ビールを2ケース届けてください。代金は、配達してもらったときに支払います」という注文が、酒店にありました。「9月1日の昼12時まで」に、「ビールを2ケース」という内容ですが、9月1日の12時を過ぎても、店員がうっかりしたためにまだ配達中でビールが届きませんでした。酒店の「ビールを9月1日の12時までに届ける」という債務の履行が遅延した状態、これが「履行遅滞」というものです。また、確かに12時前にはビールが届いたのですが、店員がうっかりしたために届いたのはビール1ケースでした。この場合は「不完全履行」というものです。さてこの「履行遅滞」「不完全履行」という状態であれば、「早く持ってきて」「もう1ケース持ってきて」というように注文者が催促すれば、後から履行にこぎつけることができます。ですが、実はこの日は12時ちょうどから注文者のお誕生日のパーティーが催されており、ビールはそのパーティー冒頭での乾杯用のビールだったのです。「今から持って行っても間に合わないし、持って行くだけムダ」という状態になってしまった、この状態は「履行不能」というものです。「履行遅滞」「不完全履行」の場合は、注文者は催促をしてなおビールが届かないという場合に、ビールの購入契約を解除できます。しかしこの「履行不能」という場合は、催告したところでもうパーティーの乾杯に間に合わないのだということですので、もはや催促することなしに、即契約解除ができます。

　金銭消費貸借（お金の貸し借り）においては、借りたお金を返済期日までに返せない場合は「履行遅滞」になりますし、返済額に満たなければ「不完全履行」ということになります。ただし、金銭消費貸借においては「履行不能」という状態の債務不履行はありません。「お金はまた稼いでくれば返せるから」という考え方です。

権利関係

20 損害賠償額の予定

損害賠償額の予定とは

　さて、「債務不履行」によって、債権者側に損害賠償請求権が発生することがあります。契約で定められた内容にしたがった履行がなされなかったことで、損害が発生したために、それを債務者が賠償することになるのですが、この損害賠償額をあらかじめ契約の中で定めておくことができます。これが、「損害賠償額の予定」というものです。

　では、どうして損害賠償額を先に定めておく場合があるのでしょうか。これを定めておきませんと、損害の発生や契約の違反の際に、債権者側は実損額についてわざわざ算定と立証をしなければならず、場合によっては時間もかかりますし大変面倒な事態も生じるでしょう。そこで、契約で損害賠償額の予定を定めておくことで、実際に発生した損害額に関係なく、あらかじめ定めておいた額により損害賠償がなされるということになるのです。

　便利な話ではありますが、たとえ実際の損害額が、損害賠償予定額よりも多かったとしても、予定額しかもらえません。逆に、実際の損害額が損害賠償予定額よりも少なくても、予定額までもらうことができます。

　違約金というものがありますが、民法では、「違約金を定めたときは、損害賠償額の予定をしたものと推定する」ことになっていますヨ。

◎宅建業法での取り扱い

　この、「損害賠償額の予定」についての話は、宅建業法でも出てきます。宅建業者が自ら売主となり、一般の相手と取引を行う場合においては、宅建業者のほうに、損害賠償額の予定についての制限が課されるのです。業者はプロであるから、ハンディを付けようという仕組みです。

　この場合、賠償の額は、売買代金の10分の2とされ、違約金などの

名目で他に設定しようとしても、合わせて10分の2までとなります。
超えた分は無効になります。

21 請負契約

請負契約とは

　請負とは、契約の一種で、ある仕事を完成させることを目的とした内容であり、その仕事の完成後に、その仕事の結果に対して（建物を建てるという内容の契約であれば、完成した目的物を引き渡すこと）請負人は注文者に対して報酬を請求することができます。大工さんに家を建ててもらうイメージです。

◎請負契約とその報酬 　法改正

　請負契約では、成功報酬を請求することになりますので、原則としてその仕事がきちんと仕上がりませんと、報酬を請求することはできません。ですが、「注文者の責めに帰することができない事由によって、その仕事を完成することができなくなったとき」や「請負契約が仕事の完成する前に解除されたとき」は、請負人がすでに行った**仕事の成果**のうちで注文者が利益を受けているという部分については、すでに行った仕事の成果に応じて請負人は注文者に報酬を請求することができます。

　そしてこの報酬の支払いの時期についてですが、目的物の引渡しを要する請負契約である場合は、報酬は原則として仕事の目的物の引き渡しの際に支払うこととされています。その意味で、報酬の支払と引渡しについては「同時履行の関係」とされています。

◎請負人の担保責任の制限 　法改正

　請負人には、「注文どおりに仕事を完成させる責任」があります。

　その請負契約に基づく仕事について、請負人が仕事の種類や品質に関して契約内容にそぐわない（契約した内容に適合しない）目的物を引き渡したという場合には、注文者は、その仕事の目的物について、「履行の追完の請求」「報酬の減額の請求」「損害賠償請求」「契約の解除」をす

ることができます。

　たとえば、「誕生日に特製のケーキを作ってください。大きなイチゴ
ののっかった、生クリームのケーキがいいワ」という注文で、ケーキを
作ってもらえるようにケーキ屋さんに注文したとしまして、いざ完成し
たのがチョコレートケーキだったらどうでしょうか。注文したのは生ク
リームのイチゴのケーキですから、頼んだ内容（契約した内容）にそぐ
わないですね。このような場合は、注文者はケーキ屋さん（請負人）に
対して、「作り直してチョーダイ（履行の追完請求）」「値段を負けてチョ
ーダイ（報酬の減額請求）」「誕生パーティーが台無しよ（損害賠償請求）」
「もうケーキ要らないわ（契約の解除）」って言えますヨ、という理屈です。
ただし、注文した側が用意した材料で作ったら、チョコレートケーキに
なっちゃったの、という場合は、これらの権利の請求・契約の解除はで
きません。また、請負人のほうで、「注文者から材料をもらってあるん
だけど、これでケーキを作ったら、チョコレートケーキができちゃうん
だよね！」ということがわかっていたのにそのことを教えてあげなかっ
たという場合には、上記の担保責任を免れません。

◎請負人の担保責任の期間の制限

　前に話したように、請負契約について契約内容に不適合が存在する場
合で、注文者が請負人に対してその担保責任を追及できるという場合に
は、注文者はその不適合を知った時から1年以内にそのことを請負人に
通知しませんと、「履行の追完の請求」「報酬の減額の請求」「損害賠償請
求」「契約の解除」をすることができなくなります。ただし、その仕事の
目的物を引き渡すときに、請負人が不適合があることを知っていたり過
失で知らなかったという場合は、通知のための期間は制限されません。

◎注文者からの請負契約の解除

　請負人から契約の解除は原則できないのでしたが、注文者からは、そ
の仕事の完成前であれば、損害を賠償して請負契約を解除することがで
きます。

権利関係

22 連帯債務と連帯保証

連帯債務とは

みんなでタクシーに乗りました。ワリカンで支払えば割安ですね。でもそれは、仲間うちでの話です。タクシーの運転手さんは、誰でもよいからタクシー代全額支払ってくれればOKですし、また、乗せたお客さんが複数いてもキホン誰にでも全額請求できますね。これが、"連帯債務"のイメージです。

会社の同僚ABCが、昼休みに3人で一緒にレストランに行きました。3人でそれぞれカツ丼（800円）を注文しました。食事の途中で、会社から急ぎの用事の電話が入り、その処理のためにBCの2人が急いで食事を済ませ、先に会社に戻りました。その後、Aが一人で会計することになりました。このとき、レストランの会計では、2,400円（BCは急いでいたので会計しないで帰りました）を支払いますが、Aは「私が食べたのは1人前なので、800円しか払いません」とその場で言えるでしょうか？　答は×です。この場合のお昼代2,400円は、**連帯債務**となります（個別会計は不可とあらかじめレジに表示等してあったとします）。レストラン側は、1グループ1会計の計算で、A一人に全額2,400円を請求することができるのです。連帯債務の規定は、債権者側（この場合のレストランのこと）にとって便利な仕組みです。

そうしますと、Aははたして2,400円を全額負担したままなのでしょうか。いえいえそのようなことはありません。Aはレストランでとりあえず全額を支払い（**弁済**）し、連帯債務を消滅させます。その後で、会社に戻って、BとCから800円ずつもらえば解決です（これを**求償**といいます）。

連帯債務では、**絶対効**（絶対的効力）と**相対効**（相対的効力）というものがあります。ここでは、過去問題などでよく出てくる事例で見ていき

ましょう。ＡＢＣが、3人で連帯してＤから300万円を借りている場合で、負担部分は100万円ずつであるとします。貸主のＤからしますと、連帯債務であるので請求自体はＡＢＣの誰に対しても、全額の300万円を請求できるので、負担部分というのはあくまでもＡＢＣの3人の仲間うちでの話です。

絶対効の話ですが、ＡがちょうどＤに対して300万円の売買契約による代金債権をもっていたとしますと、Ａは連帯債務の300万円とその代金債権300万円を相殺して、連帯債務を消滅させることができます。この相殺によって、連帯債務者であるＢとＣのＤに対する債務も消滅するのです。この効果が、"絶対効"です。

また、Ａ一人がその債務について、「たしかにお金を借りてます」と承認をしました。この場合、ＢとＣの債務の消滅時効についてはどうなるのでしょうか。承認の効果は、"相対効"になります。他の連帯債務者には、影響を与えないのです。そのため、その後ＢとＣの債務の消滅時効は更新されません。

保証・連帯保証とは

お金を借りるときに、その借金を他人に保証してもらえれば借りる人は信用度が増しますし、貸す人は安心して貸せますね。ですが、もともと他の人の借金を代わりに支払うのが保証人です。簡単な気持ちで保証人を引き受けるわけにはいきません。そのため、保証人になるときには、必ず書面で契約を行うことになっています。

◎保証

「保証」とは、お金を借りるときなどに、イザ払えなくなった事態を想定して、変わりに債務を支払う旨お金の貸主本人と保証人との間で契約されるものです。「抵当権」等の物的担保と区別して、「人的担保」といわれます。アパートを借りるときなどにも、月々家賃を支払えなくなった場合など困りますので、保証人を立てますね。

◎連帯保証

　「連帯」と付いた保証人、連帯保証人は、ほとんど債務者と同じような責任を負った保証人ということができます。通常の保証人との大きな違いは、連帯保証人には、“催告の抗弁権”も“検索の抗弁権”もないところです。くわしく見ていきましょう。

◎“催告の抗弁権”と“検索の抗弁権”

　AがBからお金を借りるときに、Cに保証人になってもらいました。その後Aが支払わないので、Bは保証人であるCに請求をしてきました。Cとしては、「まずAさんに請求してください」というように、反論ができますね（催告の抗弁権）。もともと自分自身の借金ではありませんので。

　ただし、Cが「連帯保証人」だった場合はどうでしょうか。「連帯保証人」の場合は、このように「先にAさんに請求してください」というように反論することは許されません。「催告の抗弁権」が許されず、また、「検索の抗弁権（保証人が主たる債務者に弁済の資力があり、かつ執行が容易であることを証明したときは、債権者はまず主たる債務者の財産について執行をしなければならないという抗弁権）」についても、保証人の場合ならOKでも、連帯保証人の場合は許されないのです。これが「連帯保証人には、ならないほうがいいですよ」とよくいわれる理由なのです。逆に、自分が債権者だったら、保証人よりも連帯保証人のほうがいてもらってありがたい、ということになりますね♪

◎連帯保証人でもできること

　前の項で見ましたように、連帯保証人の場合は、通常の保証人と異なり「催告の抗弁権」と「検索の抗弁権」がありません。それでは、連帯保証人にできることはないのでしょうか。

　そんなことはありません。主たる債務者（借金を負っている本人）が債権者に対して反対債権を有している場合（確かにお金は借りているけど、逆に物を売った代金請求権を有している場合など）は、保証人は相殺を援用できますが、この援用は連帯保証人でも行うことができます。

23 不法行為

不法行為とは

　故意（わざと）または過失（うっかり）により、他人に損害を与えた者は、損害賠償をする責任を負います。契約によることなしに、当事者に権利義務が発生することになる典型的な例です。

　宅建士試験で、とくに重要な「不法行為」について見ていきましょう。

使用者責任：宅建業者Ａ社の従業者Ｂが、業務上で、第三者Ｃに損害を与えてしまった場合は、従業者Ｂだけでなく、Ｂの使用者である宅建業者Ａ社についても、Ｃに対する損害賠償責任が発生します。効果として、使用者であるＡ社が損害賠償責任を負います。Ｂ自身も、不法行為責任を負います。Ａ、Ｂが連帯して責任を負うので、被害者であるＣにとっては、ありがたい話です。使用者Ａ社がＣに対して損害賠償をした場合は、Ａ社は、Ｂに求償（弁償するように言うこと。"信義則上、相当な限度"でネ）を行うことができます。

土地工作物責任：家主Ａの貸家にＢが居住しています。ある日当該貸家の屋根瓦が一部落下し、通行人のＣがケガをしました。この場合、第一に居住者（占有者）のＢが、Ｃに対して不法行為責任を負い、損害賠償義務を負います。しかし、Ｂが相当の注意をしていた場合（Ｂが家主のＡに、「屋根が傷んで瓦が落ちそうですよ」と言っていたのに、Ａがほおっておいたために事故が起きたなど）は、Ｂは責任を免れ、所有者ＡがＣに対して損害賠償義務を負います。Ａだって、相当の注意をしていたのだという場合はどうでしょうか。その場合でも、ＡがＣに対して損害賠償義務を負います（土地工作物責任の所有者は、無過失責任）。そうしておかないと、最終的に苦情の持って行き先のないＣが困ってしまうことにもなりかねないからなのです。

◎損害賠償請求権の時効による消滅は

　不法行為により、被害者には損害賠償請求権が発生します。これは契約で発生する債権ではないのですが、消滅時効にはかかります。下記の場合です。

- 被害者または法定代理人が、損害及び加害者を知ったときから３年間その損害賠償請求権を行使しないとき
- その不法行為があったときから20年間損害賠償請求権を行使しないとき

24 相続

相続とは

人が亡くなると、相続が発生します。宅建士試験では、相続の項目につきましては、「誰が相続するのか」「何を相続するのか」「いつ相続するのか」という点が出題の重要事項になって参ります。

◎相続人と被相続人

自然人（普通の人間。会社などの団体は、法人といいます）が死亡しますと、相続が発生します。つまり、死亡した人（被相続人といいます）の所有していた財産を、一定の範囲の者に配分するのです。一定の範囲の者とは、死亡した人の血族です。くわしくいいますと、死亡した人の配偶者（夫、奥さん）、子ども、あるいは父母等が相続人になります。

◎相続する順位

相続人にも相続する順位があります。配偶者は、被相続人と生計を共にしていたということで、必ず相続人になります。第一順位は、子どもです。被相続人の父母は、被相続人に子どもがいなかったという場合に、相続人となります。最後は、兄弟姉妹です。

なぜ被相続人の子どものほうが、父母よりも優先されるのでしょうか。未来のある子どものほうを優先していると考えてください。また、父母のほうは、ある程度自分自身の財産を有しているはずですので、即、生活に困るという心配があまりないからです。

◎相続できる財産は

相続人が決まりますと、次に「相続財産のうち、誰がどのくらいずつもらえるのでしょうか」という問題が出てきます。配偶者だけのときは、配偶者が全部もらいます。配偶者と、子ども（直系卑属）が1人のときは、

3

主要3科目の誌上Lesson

権利関係

それぞれ２分の１ずつもらいます。配偶者と、子どもが２人いるときは、配偶者が２分の１、子どもは、２人で総財産の半分なので、結局４分の１になります。配偶者と、被相続人の母（直系尊属）がいて、子どもがいないときは、配偶者が総財産の３分の２、母は、３分の１となります。

◎相続人から除かれる場合とは

　また、民法上相続人になっていても、相続人から外されることがあります。

　①相続欠格：たとえば被相続人を故意に殺害して、刑に処せられた者などです。

　当然に、相続をさせる必要はありませんね。

　②相続廃除：被相続人を、生前に激しく虐待した者などは、被相続人の請求により、相続人から外すことができます。

◎代襲相続

　上記①②の相続欠格者・廃除者に子どもがいる場合はどうでしょうか。子ども自体には罪はありませんので、親に代わってその相続分を相続します（代襲相続といいます）。たとえばＡ（父）－Ｂ（子）－Ｃ（孫）といるとしますと、Ｂの死亡後にＡが死亡した場合、ＣがＢに代わって相続人となる制度です。ＡがＢよりも先に死亡しており、相続開始後にＢが死亡した場合は、新たにＢとＣの間で相続が発生しますので、これは代襲相続とは異なります。

◎相続の放棄もできます

　また、相続人でも、家庭裁判所に申し出ることで、相続を放棄することもできます。その場合、最初から相続人でなかったことになりますので、その者に子どもがいても、代襲相続はありませんので注意しましょう。

◎全く相続人がいなかった場合は

　被相続人に、全く相続人がいなかった場合はどうなるでしょうか？
その場合は、国庫に納められ、国の財産になります。しかし、その死亡
した者に、血縁関係などはないが生活を共に営んでいた者等がいた場合
は、その者の財産になることがあります（このような者を**特別縁故者**と
いいます）。

◎遺言で指定する

　財産を、自分の好きなように配分できたらよいですね。全くそのため
の準備をしていなかったのなら、前記のように法定相続分によって分配
されます。しかし、生前に遺言（いごん）を作成しておくことで、任意に財産が配
分でき、被相続人の意思を生かすことができるのです。遺言は、民法に
よって定められた方式により作成することが必要です。

　民法で定める様式に、「自筆証書遺言」というものがあります。こちら
は、名前のとおり、自分で直筆しなければ効力を発生しない方式なので
すが、この自筆証書遺言に添付する "財産目録" については、パソコン
などで作成して添付しても有効です。 法改正

　遺言は、いつでも撤回することができます。その方法としましては、「遺
言書を破棄する」「内容的に抵触する新しい遺言書を作成する」というも
のがあります。また、15歳以上であれば、未成年者であっても自らの
意思で遺言を行うことができます。

　遺言によって任意に財産を分与することは可能ですが、だからといっ
て、無制限に行われては、相続人の権利が侵害されます。そこで、相続
人には一定の割合で「遺留分（いりゅうぶん）」が認められています。被相続人の財産を、
相続人以外の者に与えるには、遺言書により遺贈を行うことで可能とな
るということでした。しかし、相続人にも生活がありますし、被相続人
の財産がすべて受遺者のものになってしまうと困る場合もあります。そ
こで、相続人に対して上記のとおり**遺留分侵害額請求権**を与えています。
遺留分は、法定相続人間については、その割合が決まっています。その
割合を侵害していれば、たとえ全財産が寄付されたということでなくて

も、遺留分侵害額請求権を行使することができます。この遺留分は、相続人の中でも、兄弟姉妹には認められていません。

　遺留分を侵害することを定めた遺言も、当然には無効になりません。侵害を受けた相続人が、「まあ、それでもいいか」と思って遺留分侵害額請求権を行使しない場合もあるからなのです。

　遺留分侵害額請求権には消滅時効がありますので、注意が必要です。遺留分侵害額請求権は、相続の開始および侵害額請求するべき贈与または遺贈を知ったときから1年間に行使する必要があるのです。相続開始から10年過ぎてしまった場合も、消滅します。

　遺留分侵害額請求権を行使するには、内容証明郵便により通知を行うという方法があります。必ずしも裁判で行う必要はないのです。

25 権利関係（民法以外）学習のポイント

権利関係の出題数と内容

　権利関係科目は、14問の出題ですが、通学講座でも担当の先生が語るところによりますと、半分の7問でも得点できれば御の字であると、そのような難易度に達しているというのです。もしも、8問・9問も取れれば、非常に有利に働くということですね。

● 食わず嫌いの好き嫌いに注意！

　権利関係科目の構成は、民法と、マンション法（区分所有法）・不動産登記法・借地借家法の科目の集合体です。苦手意識なども働くと思うのです。「民法という条文がいっぱいで理解しにくい法律を勉強してきたのに、まだ権利関係科目の中で覚えなければいけない法律があるの～!?」というような気持ちですね。でも、食わず嫌いはもったいないですよ♪

　マンション法は民法の所有権の項目の特別な形態ですし、**不動産登記法**は民法の物権変動のときの対抗要件を具体化した手続法です。**借地借家法**は、土地建物の賃貸借のときに借りた人が頼れる助っ人のような法律です。根っこはみんな、**民法の仲間**なのです。

● 身近な例からイメージしてみる

　単純に考えますと、マンションに住んでいる方のほうが、マンション法はイメージがしやすいですね。土地を借りていて借地権を持っている方は少なくても、家を借りている方は多いはずですので、該当する人は、自分に当てはめて考えてください。

　教室でも、「試験に直接関係ないですが、この前大家さんに言われて退去しました。立ち退きに際して、少し粘ってみてもよかったでしょうか？」といった質問（？）をされている生徒さんがいました。少しでも、

自分のケースに当てはめることができれば、わかりやすいですね。

　借家の転貸の問題でも、「大家さんに**無断で転貸**しても、信頼関係が破壊されない等事情があれば、当然には転貸によって賃貸借は解除事由にならない」という難しい話が出ても、「たとえば地震で避難してきた親類に一時的に転貸するような事情であれば、大家さんからそうそうつっこまれないな」などといった話で理解しておけば、記憶に留まるはずです。相続も自分の家族の場合に当てはめて、家系図などを書いてシミュレーションしてみるなどすれば、理解しやすくなるでしょう。

26 賃貸借契約と借地借家法

賃貸借契約・借地借家法とは

　物を借りる代わりに、借主が貸主に賃料を支払い、契約終了時に借りたものを返すことを約束する契約が、賃貸借契約です。貸主には賃貸物を引き渡す義務が生じ、借主には賃料支払いの義務が生じます。

　民法の賃貸借の規定は、基本法としてあらゆる賃貸借契約関係につき適用されます。たとえばレンタルCDやDVD、コミックの賃貸借などです。これらの賃貸借であれば、そうそう大きな問題は発生しなさそうですが、賃貸借のなかでも、建物を建てるための土地の賃貸借、あるいは建物の賃貸借になりますと、人々の居住関係につながる事柄であり、契約によって動く金額も場合によっては多く、トラブル発生の可能性も大きいので、民法の他に特別に借地借家法を適用することになるのです。

注意！

> 　また、土地賃貸借契約についても、建物を建てるための土地の賃貸借であれば、借地借家法の出番ということになりますが、そうでない土地賃貸借（駐車場にする土地など）であれば、民法の規定による賃貸借契約になります。

　特別法である借地借家法にない規定については、民法の規定が適用されます。たとえば、借家契約につき、契約期間や更新については、借地借家法に特別の規定がありますので借地借家法の決まりに従います。しかし、借家の修繕や、賃貸物の転貸等についての規定は、とくに借地借家法には決まりがありません。そこで、原則である民法の規定によって処理されることになります。

　貸主は、借主が快適にその品物を使用できるようにする義務があります。借主の責任によらないで故障などした場合は、貸主に修繕する義務

があります（貸主が修理してくれない一定の場合は、借主が修繕することもできます）法改正。

借主には、その品物を大切に使用する義務があります（**善管注意義務**）。また、貸主の承諾がないと、品物をまた貸し（転貸）することはできません。

土地・建物の賃貸借においては、民法の特別法にあたる「借地借家法」が適用されるということですが、借地借家法は、借り手を民法よりも手厚く保護しています。

建物その他の工作物を所有するために土地に**地上権**または**賃借権**を設定しますと、借地借家法の適用があり、借地権が発生します。他人の土地の上に、自己の建物を建てて使用するためには、その土地に**地上権**を設定するか、あるいは土地の**賃借権**を設定するために、土地の所有者と契約を結ぶ必要があります。

地上権は、**物権**です。地上権に基づく借地権は、地上権設定者（地主）の承諾なしに、譲渡・転貸（また貸し）をすることができます。地上権は非常に強力な権利であるということができます。

土地賃借権は、**債権**です。したがって、賃貸人（地主）の承諾なしに土地賃借権に基づく借地権を譲渡・転貸することはできません。地主と賃貸人の信頼関係に重きを置いていることが特徴といえるでしょう。

借地上の自己所有建物を売却するという行為は、借地権の譲渡に該当いたします。確かに建物は自分の物ですので譲渡することは構いませんが、建物を所有するには、その土地を使う権利がどうしても必要ですから、借地権とセットで動かさなければならない、というわけです。

そこで、土地賃借権の譲渡の場合は地主の承諾が必要になるのです。地主の承諾が得られない場合、裁判所に許可をもらうという方法があります。ここは、宅建士試験によく出るポイントです。

さて、借地権の存続期間は、最初の設定期間は、30年以上の存続期間を設定して行います。30年未満の期間を設定しますと、30年になります。また、30年を超える期間（40年、50年など）を設定した場合は、その期間が有効期間になります。

借地権の期間の更新については、その更新のときに、借地上に建物が存在することが原則として必要とされます。1回目の更新では20年以上、2回目以降の更新では10年以上の存続期間を設定することとなります。

借家権は、事業用・居住用を問わず、建物を賃借した場合に適用となります。しかし、建物を**使用貸借**（賃貸借のように賃料が発生しない、ただで借りる契約です）した場合や、明らかに一時的な使用の目的で賃借したような場合は、借家権は発生しないので、注意してください。

借家権の存続期間につきましては、民法上、賃貸借契約の上限期間は改正民法により50年ですが、更新することもできます。借地借家法ではこの規定ははずされており、50年を超える期間を約定することもできます。

建物賃貸借の更新につきましては、いくつかのパターンがあります。賃借人と賃貸人の合意による更新もそのひとつです。この場合は、問題なく更新されます。

賃借人が「契約を更新したい」と申し出て、建物の使用を継続し、これに対して賃貸人が遅滞なく異議を申し出なかった場合は、建物賃貸借契約は更新されることになります。こうした場合、賃貸人が異議を申し出るためには、**正当事由**が必要となっています。

建物賃貸借契約期間満了後も、賃借人が建物の使用を継続して、これに対して賃貸人が遅滞なく異議を申し出なかった場合も、建物賃貸借契約は更新されることになります（**法定更新**）。

借家権の譲渡・転貸につきましては、賃貸人の承諾が必要とされています。借家権の場合は、借地権の場合とは異なり、裁判所に許可を求めることはできません。

借家権を第三者（たとえば、借りている建物が売却されたような場合の新しい家主など）に対抗するためには、賃借権の登記を行うか、その建物の引き渡しを受けることが必要とされています。賃借権の登記を行うことは、賃貸人の協力が必要であり、賃借人にとっては実際困難ですので、「建物の引き渡し」で足りるね、OK！　とされているのです。

「法令上の制限」学習のポイント

　法令上の制限の科目は、宅建士の本試験問題全50問中、8問の出題数で近年実施されています。都市計画法2問、建築基準法2問、国土利用計画法、宅地造成等規制法、土地区画整理法、農地法、その他の法令で4問の、計8問です。

　この科目の手ごわいところは、昔は最大で50問中12問の出題がされていた時代もあったのですが、学習の手間がその当時の学習の手間と変わらないところです。出題される科目数が減ったということではなく、都市計画法と建築基準法の出題数が圧縮されたようなものですので、試験範囲として同じボリュームを学習しなければならないし、学習してもMAXで8得点しかできないということなのです。

　ですので、ここは、優先順位を常に意識しながら学習をしていくことを行っていきましょう。都市計画法と建築基準法の学習は必須です。

　都市計画法のなかでは、従来どおり、都市計画区域の決定と当てはめられる都市計画の種類と決定手続について押さえましょう。それから、出題の定番の「開発許可制度」についてバッチリ極めましょう。問題を解く前提として、土地上で行われる行為が開発許可にそもそも該当するのかどうか、ということも重要です。

　建築基準法では、建築確認についておよび建築物の単体規定・集団規定について、重点的に学んでください。

　他の科目では、宅地造成等規制法と農地法のコンビは、国土利用計画法・土地区画整理法よりもくみしやすい感はあります。好きな科目から、得意科目にしていくようにしましょう。

　わかりにくいし暗記事項も多いこの科目を征服する決め手は、出題数の多い権利関係と宅建業法科目の合間に、この法令上の制限の学習を突

っ込んでいくことが効果的です。学習に飽きないための工夫といえます。

 「法令上の制限」の学習のコツ

　　　宅建士の試験科目では、重要な法律としまして、私人間の契約関係を定めた民法（権利関係法令の中の科目になります。）があり、その特別法としまして、宅地建物取引業法があるということですが、「法令上の制限」の各科目も、宅建業法と同じように、民法の特別法としての面があります。

民法では、物権の一種として、所有権という権利を定めていることは前に説明しました。所有権は物に対する直接的・強力な権利であり、所有権者は所有物に対して排他的・独占的に権利を行使できる（自由にその物を使用できる）としております。

でも、土地建物についてこの原則どおりの考え方を適用いたしますと、人間同士で社会生活を営んでいくうえでさまざまな不都合が生じてきます。たとえば、いくら自分の土地だといっても、無制限に高さのある建物を建ててしまっては、その建物の周りに日影が生じたり、ビル風が発生したりするなど、他人に迷惑をかけ、結果として環境に悪い影響を与えることになりかねません。また、防火上の一定の性能を有していない建物は、延焼した場合、大変危険です。

そこで、「都市計画法」「建築基準法」その他の法律により、私権に制限を与えているのです。所有権についての私権を定めているのは、民法ですので、ここでも原則の民法と、特別法（ここでは、「都市計画法」「建築基準法」その他の法律のこと）の考え方が出てきます。民法は、宅建試験においては、学習上とても大事な法律ということがいえますし、「法令上の制限」科目を勉強するうえでも、重要な法律ということになります。

「都市計画法」「建築基準法」その他の法律を学習していくには、建築手続の順序や数字など暗記がモノをいう科目でもありますので、主に過去問題を繰り返し解いていくことが近道です。逆に言えば暗記ばかりで大変な科目になってしまいます。しかし、上記のように、「法令上の制限」も、民法の仲間（特別法）の面もあることを思いだしていただくと、おもしろく感じていただけるかと思います。

宅建士になったら、重要事項の説明をするときに、「法令上の制限」について知らないと、お客さんに迷惑をかけてしまう恐れもありますので、暗記は大変ですが、ぜひ頑張ってマスターしてください。

宅建受験のために行政法について知っておこう

◎行政法とは何でしょうか？

　実は、「行政法」という名称の法律は存在しません。講学上（学問上ということですが）、広く、一般市民に対して作用する国家作用その他の権力的作用を生じさせる法規の総称をいいます。

　行政法の性質としては、国内公法であり、それはある程度の権力性、公益優先性を有するものです。この性質をもつ法律を、まとめて「行政法」と呼んでいるということなのです。

　たとえば、宅建士試験に出てくる「都市計画法」という法律がありますが、これなどは行政法の分類に入ります。都道府県（行政主体といいます）が日本の国土のなかで、都市計画区域を定めて、その中で開発規制その他の権力行為を行い、一般私人はその規制に従うこととなります。このように、国と一般私人の関係、都道府県と一般私人の関係、市町村と一般私人の関係を定めた法律が行政法なのです。

　これに対して、たとえば私人間の契約などの関係は、民法にて処理されます。これなどは一般の私人間の権利義務関係を処理する法律ですので、行政法の分類には入りません。

宅建士試験では、この行政法の分類に入る法令について、「法令上の制限」科目として出題があります。

　行政作用法上の行政行為に関し、「**確認**」という行為には「建築基準法の建築確認」があります。また、「農地法上の許可」という行政行為は、講学的には行政行為のなかでの「**認可**」という行為の具体例になるのです。許可とは、行政主体→私人という方向で効果を与えるものですし、認可とは、私人間の法律行為に効力を与える作用となりますが、農地法上はあくまでも「**許可**」という言葉で定められているのです。

　行政法の分類としては、**行政組織法**（行政事務をつかさどる組織を定めた法規）、**行政作用法**（行政活動について定めた法規）、**行政救済法**（行政活動によって国民に損害が生じた場合に、救済する仕組みを定めた法規）の3つのカテゴリーになりますが、宅建士試験に関係がありそうな部分について、「法令上の制限」の科目の学習の前提として、頭に入れておくと効果があります。

◎行政組織法について語句の整理をしておきましょう

行政主体……行政上の権利や義務が帰属する主体をいいます。国、**都道府県**、**市町村**（地方公共団体）、公共組合（例：土地区画整理法による土地区画整理組合など）、独立行政法人、特殊法人など

行政組織……行政主体が、その行政執行のために組織します。(国の行政組織) 内閣、府（内閣府など）、省（国土交通省など）、委員会や庁（内閣府または各省の外局として設置）、附属機関および地方支部局（地方自治体の行政組織）、普通地方公共団体（都道府県と市町村）、特別地方公共団体、都道府県議会、市町村議会、その他補助機関と執行機関

行政機関……行政事務の担当者。実際に職務を行う自然人→行政事務の法的な効果は、行政主体について生じます。行政庁（行政主体の意思決定、その意思を外部に表示。たとえば、各省の大臣や都道府県知事、市町村長）、補助機関（副知事など）、諮問機関（各種の審議会など。行政庁に対して拘束力なし）、参与機関（行政庁の意思決定に参与。

拘束力あり）、監査機関（行政機関の事務や会計処理を監査）、執行機関（実力行使機関。警察官など）

例：都市計画法による都市計画区域指定までのプロセス
　都道府県（行政主体）が、あらかじめ関係市町村および都道府県都市計画審議会（諮問機関）の意見を聞いて、国土交通大臣に協議をして、その同意を得て指定する。

行政活動の意思の流れ

行政主体　→　行政庁　→　補助機関・執行機関　→　一般私人
①参与機関
②諮問機関
①は拘束力あり　②は拘束力なし
　この程度を押さえておくだけでも、「法令上の制限科目」は得意科目に変貌します。
　ウラ技→簡単な行政法のテキスト（行政書士という資格の受験書がオススメ）を読んでみてから、宅建の「法令上の制限科目」に進もう！

 街を放浪する！？

法令上の制限の話だけではないのですが、宅建士試験の学習に限らず、学習ごとは、忍耐が必要です。しかしながら、人間ですので、緊張状態が持続し続けては、学習期間である半年間から1年間は、身が持ちません。そこで、疲れたときは、一休みするようにするのですが、たとえば散歩をするなどしていても、自分の家の周りははたして何という用途地域なのか？　駅前を通れば、そこは商業地域なのではなイカ？　など、見物しながら、散歩をすると、頭を休めながらもイメージ学習ができます。また、狭い路地裏通りなどを通りますと、新築建物等がある場所については、道路のセットバックの現場を見ることができたりします。公園の周りを歩いてみれば、風致地区である場合があったり、しばらく空き地の状態が続いているなあと思った場所に「都市計画道路予定地」という看板表示があったりもします。畑の周りでは「生産緑地地区」、山林があるなあと思ったら市街化調整区域をあらわす古い看板があったりもします。なかなかとっつきにくい感のある「法令上の制限」科目ですが、実はかなり身近なものでもあるので、いろいろとイメージをしながら、街を散策してみてください♪

28 都市計画法

都市計画法のポイント（都市計画区域、準都市計画区域とは何でしょう?）

　都市部において街作りを進めていくためには、一定のルールにしたがって計画的にこれを行っていくことが大切です。そうしませんと、住宅地と工業地帯が隣接してしまうこともあるでしょうし、あるいは道路や公園などの施設が十分でないなどの諸問題が発生してくることになります。そこで、都市計画法という法律によって、適正な街作りを行っていこうということになっているのです。

◎都市計画区域

　この都市計画を進めていくにあたっては、まず最初に計画を実行する場所を決めておかないとなりませんね。この計画を進める場所を、都市計画区域といいます。

　都市計画区域とは、日本の国土のなかで、とくに計画的に秩序のある街づくりを行っていく必要のある区域として、指定される区域です。都市計画区域の指定は、原則として都道府県が行います。例外的に、2以上の都府県の区域にわたって指定される場合は、国土交通大臣が指定権者となります。

◎準都市計画区域

　さて、都市計画区域外においても、ある程度の規制を加えるべき必要が出てくる場合もあるでしょう。そのために、相当数の住居等の建築が現に行われている等の条件のそろった地域を、都道府県が準都市計画区域として指定し、制限を加えていくことができます。よって、準都市計画区域内においても、地域の実情に応じた土地利用規制が行われることとなります（受験上特に重要なのは、都市計画区域ということになりま

す）。

◎都市計画区域の指定の手続と計画の決定

　都市計画を施行する区域を指定する権限は、基本的には都道府県がもっています。指定については、都道府県は関係市町村と都道府県都市計画審議会の意見を聞いて、さらに国土交通大臣と協議し、その同意を得て行います。2以上の都府県にまたがる地域の都市計画区域を指定する場合は、国土交通大臣が都市計画区域を指定することになります。

　都市計画を施行する区域が決まると、次は具体的な都市計画を当てはめていくことになります。

◎開発許可制度

　建物や特定工作物を建築するために行う、土地の区画形質の変更行為を、開発行為として都道府県知事の許可制としています。許可が必要になる開発行為の規模は、以下のとおりです。

- 市街化区域内〜 1,000㎡以上の規模の開発行為
- 市街化調整区域内〜どんな規模でも許可必要
- 非線引き・準都市計画区域内〜 3,000㎡以上の規模の開発行為
- 都市計画区域及び準都市計画区域外〜 1ha以上の規模の開発行為

29 建築基準法

建築基準法のポイント

都市部に限らず、建築物は必要ですが、その安全性は最重要です。防火や防災のため、法律で建築物のための安全基準を設けているのですが、その具体的な法律である建築基準法は、建築物の敷地、構造、設備及び用途に関する最低の基準を定めて、国民の生命、健康および財産の保護を図り、もって公共の福祉の増進に資することを目的としているのです。

全国的に適用される基準を、「単体規定」といいます。とくに都市計画区域内・準都市計画区域内で適用される基準を、「集団規定」といいます。後述の「用途制限」「容積率・建蔽率」も、集団規制です。

◎建築確認制度

建築確認についてくわしく知ることは、受験対策上、重要です。建築物を建築するときは、安全性を確保するためにも、建築基準法の法令に適合した建築物としなければなりません。そこで、一定の建築物については、建築前に建築主事または指定確認検査機関の確認を受け、確認済証の交付を受けることとしています。大規模建築物、200㎡を超える特殊建築物については、全国的に事前の建築確認が必要です。 法改正

都市計画区域内において、とくに防火・準防火地域内では、制限が厳しくなります。100㎡を超える特殊建築物や、大規模建築物ではなくても、新築、増築、改築、移転のときに、建築確認が必要とされています。

さて、特殊建築物の場合、新築ということですと、その床面積が200㎡を超えていると、日本全国どの地域においても（都市計画区域外・準都市計画区域外であっても）、建築確認を行う必要があります。しかし、ちょうど200㎡の特殊建築物の場合は、200㎡を超えていないということで、一般建築物扱いになりますので、新築しても、建築確認は都市計画区域外・準都市計画区域外であれば必要ありません。しかし、都市計画

区域内・準都市計画区域内で新築する場合には、この規模（一般建築物扱い）であっても、建築確認が必要になります。

建築確認の申請があった場合、建築主事は期間内（普通建築物は7日、大規模・特殊建築物は35日以内）に確認通知を行います。そして、建築工事が終了したときは、建築主は4日以内に届くように建築主事に対して工事完了検査を申請します。その後7日以内に建築主事等の検査が行われ、問題がなければ「検査済証」が交付されます。

◎建築物の用途制限─地域ごとの街づくり

住宅地は住宅が集まり、商店街には店舗が集中していますネ。これは、都市計画のなかで、地域地区での13種類の用途地域ごとに建てられる建築物の用途や種類が決められているからなのです。どの用途地域でも建てられるものとしては、診療所や寺院、一般公衆浴場、巡査派出所などがあります。

◎容積率と建蔽率

容積率とは、建築物の「延べ面積／敷地面積」のことです。建蔽率とは、建築物の「建築面積／敷地面積」のことです。その違いに注意してください。

◎防火地域・準防火地域内の建築物 法改正

防火地域または準防火地域内にある建築物は、外壁の開口部で延焼のおそれのある部分に防火戸等の防火設備を設けなければなりません。そして、火災による延焼を防止できるように、建築物の壁や柱、床等の部分とその防火設備の性能を、「防火地域・準防火地域の別」と「建築物の規模」に応じて政令で定める技術的基準に適合するもので国土交通大臣の認定を受けたもの等にしなければなりません。

30 宅地造成等規制法

宅地造成等規制法のポイント

　宅地造成等規制法については、「宅地の安全性を保つことが目的の法律」という大前提を、常に意識しながら学習をしていけば、他の科目である土地区画整理法や国土利用計画法よりも、理解しやすいと考えられます。

　そして、宅地造成等規制法は、試験対策上、原則的には独立した法令として出題がなされますが、出題年度によっては、いわゆる"混合問題"として、他法令とともに4肢択一式の中の1肢として出題される場合もあります。得点源としてはこの科目は貴重ですので、いずれにしても、この法令で点が取れるようにしておきたいところです。

◎宅地造成工事規制区域

　宅地造成工事規制区域は、都道府県知事により、「宅地造成に伴い、災害が生じるおそれが大きい市街地または市街地となろうとする土地の区域であって、宅地造成工事について規制を行う必要があるもの」について、関係市町村長の意見を聴いて指定されます。

　指定される場所は、危険のある場所であれば、都市計画区域内外・準都市計画区域内外に限らずどこでも指定され得ます。宅地に危険があって困るのは、全国どこでも同じだからです（→災害の防止のためなのです）。

◎宅地造成工事規制区域での規制

　宅地造成等規制法の適用される土地についてですが、規制区域内で、宅地以外の土地を宅地化するなど、一定の規模をなす行為については、都道府県知事（指定都市や中核市ではその長）の許可が必要になります。農地（非宅地）を別の非宅地にするような造成工事については、許可は

不要です。また、一定の擁壁等の除却工事をするときなどは、届出を要することがあります。

◎造成宅地防災区域

　規制区域の外でも、災害防止のために必要な場合は、都道府県知事は、宅地造成に伴う災害等の発生のおそれが大きい一団の造成宅地について造成宅地防災区域に指定し、必要な措置の勧告等を行うことができます。

◎宅地の定義

　宅地造成等規制法においても、「宅地」の定義が存在します。宅建業法でも、宅地の定義はありますが、少し異なっています。横断的学習になりますが、比べて覚えておきましょう。

- 宅地造成等規制法での「宅地」…………農地、採草放牧地および森林ならびに道路、公園、河川その他政令で定める公共の用に供する施設の用に供されている土地以外の土地をいう。
- 宅地建物取引業法での「宅地」……建物の敷地に供せられる土地をいい、都市計画法8条1項1号の用途地域内のその他の土地で、道路、公園、河川その他政令で定める公共の用に供する施設の用に供せられているもの以外のものを含むものとする。

31 農地法

農地法のポイント

農地法の目的は、農地を確保することで、農業生産力を維持・増進することにあります。農地を取り引きするにしても、基本的に農地を取得した人が農業を営むことを前提としています。

◎農地法上の "農地" とは

農地法では、不動産登記上の地目に関係なく、その土地が現実に、客観的に、継続的に耕作の目的に供されていれば、農地とされます。

◎農地や採草放牧地を、そのままで売却するときは

農地や採草放牧地（家畜の放牧などに使われる土地）を、農地や採草放牧地として売却するなど、現状のままで所有権などの権利移転・権利設定するためには、農地法3条の許可（原則として農業委員会の許可）が必要です。

◎農地を転用して宅地にするときは

農地を転用して宅地にするような場合は、都道府県知事等の許可（農地法4条の許可）が必要です。例外として、都市計画法上の市街化区域内の農地の転用である場合は、この許可は、農業委員会に対する届出を行うことで代えることができます（採草放牧地の転用は制限なしです）。

◎農地や採草放牧地を転用して宅地にするために売却するときは

農地・採草放牧地を転用するために権利移転・権利設定をする場合は、都道府県知事等の許可（農地法5条の許可）が必要です。これまた、都市計画法上の市街化区域内の農地である場合は、この許可は、農業委員

会に対する届出を行うことで代えることができます。市街化区域内は、市街化を促進したい区域ですので、届出をもって変えることができるとされているのです。

◎農地・採草放牧地の賃貸借の第三者対抗力

農地・採草放牧地については、引き渡しがあれば、登記がなくても、賃貸借契約の効力を第三者に対抗できます。また、契約を解除するにも許可制を採用しています。これも農業生産力保護のための規定です。

オモテ技 　　　　　　　　　　　　　　　　　　　　　　　**注意！**

○市街化区域内の農地の転用、転用目的の権利の移動の際には、農業委員会への届出による制度がある。許可を受けなくても良い。
○農地の取引（3つの許可）
- 農地法3条（権利移動）……農地を農地のまま売る等（よって農地は維持される）
  農地法4条（転用）……自分の農地に自分の家を建てる等（よって農地ではなくなる）
  農地法5条（転用目的権利移動）転用する目的で農地を売る等（よって農地ではなくなる）

32 国土利用計画法

国土利用計画法のポイント

　国土利用計画法の目的としては、土地が有償で譲渡される際に、その価格や利用目的をチェックして、譲渡益（儲け）を目的とした転売（俗に、「土地転がし等」といいます）などが繰り返されないように、すなわち、土地価格が無意味に上昇しないようにすることです。主に、国土利用計画法23条の「事後届出制」が出題されます。

◎譲渡価格や利用目的を届出制でチェック

　土地を仕入れたら、「儲け」を乗せて売却したいですね。でもそれが繰りかえされると、どんどん地価が高騰してしまいます。それを防ぐため、土地取引などの後でその価格や利用目的などを届け出させて、適正な取引だったかを都道府県知事（指定都市では市長）がチェックします。利用目的について、勧告をすることもあるのです。

◎届出が必要になる面積は？

　国土利用計画法23条の「土地売買などの契約」の届出についてですが、契約後の届出が必要になるかどうかは、権利取得者（土地購入者）の取得面積が基準になります。

　届出が必要になる面積は、下記のとおりです。

- 市街化区域内〜 2,000㎡以上
- 市街化区域以外の都市計画区域内〜 5,000㎡以上
- 都市計画区域外〜 10,000㎡以上

　たとえば、土地の所有者Aが、市街化区域内の2,000㎡の土地をB・Cに分割して譲渡した場合、分割後の面積が、それぞれ1,000㎡であっ

たような場合は、B・Cともに届出は不要となります。取得した面積が、B・Cともに基準の2,000㎡以上ではないためです。

◎届出が必要になる要件は？

　国土利用計画法上の届出が必要となるのは、**一定規模以上の土地の所有権・地上権および賃借権を対価を得て移転または設定する契約を締結した場合**です。

　贈与の場合は、対価を伴わないので、規制対象からはずれています。負担付贈与を受けた場合においても、その負担の内容が経済的価値を有しない負担であれば、対価性を欠くということで、届出は必要とされないので、注意してください。

　代物弁済（予約を含む）の場合は、権利の移転に該当し、**対価の授受を伴い、契約によって行われる**ということで、要件がそろっているので、届出が必要となります。

◎小さな土地を合わせて買った場合は？

　国土利用計画法上の届出については、大規模な土地について、土地売買等の契約を締結した場合に届出が必要ですが、譲受人（買主）が土地を買い進み、数筆の隣接する土地を購入する場合、それらの土地の個々の取引面積は小さくても、それぞれが地域内で接しており、買い集める合計が届出対象面積以上の「**一団の土地取引**」となる場合は、取引の時期が離れていても、それぞれ**契約を結ぶたびに届出が必要**です。すなわち、数回に分けた売買や時期をずらした売買でも、その取引に計画性があれば、一団の土地取引となります。

索引

た

●著者紹介

本橋　敏明（もとはし　としあき）

　大栄宅建学院卒(^^)/。　業界歴20年超。ダイエックスから週刊住宅新聞社に移り、「宅建塾シリーズ」「うかるぞ宅建シリーズ」その他の資格書の企画編集・製作販売に携わる。その他講習会運営などを担当。現在は、不動産関連資格の専門校の㈱Ｋｅｎビジネススクールに在籍し、復活した「うかるぞ宅建士シリーズ」（プラチナ出版）等の制作等に関与。同時に「ビジュアル宅建士」（住宅新報出版）の著者中神エマ主宰「中神エマ宅建士研究所」講師室にも所属して、宅建士その他の関係資格の研究と執筆で活躍中。

うかるぞ宅建士 入門講座

2020 年 2 月 27 日　初版発行　　　　　　　　　　　　　　　　　　　©2020

著　者　Ken ビジネススクール受験アドバイザー
　　　　本　橋　敏　明
発行人　今　井　　修
印　刷　亜細亜印刷株式会社
発行所　プラチナ出版株式会社
〒 160-0022　東京都中央区銀座 1 丁目 13-1
ヒューリック銀座一丁目ビル 7 F
TEL 03-3561-0200　FAX03-3562-8821
http://www.platinum-pub.co.jp
郵便振替　00170-6-767711（プラチナ出版株式会社）

ISBN978-4-909357-60-1